没有做不好的客服

一本走向钻石级客服的必备宝典

单戈◎著

中国友谊出版公司

图书在版编目（CIP）数据

没有做不好的客服 / 单戈著. -- 北京：中国友谊出版公司，2017.10
ISBN 978-7-5057-4139-3

Ⅰ.①没… Ⅱ.①单… Ⅲ.①企业管理—销售服务 Ⅳ.①F274

中国版本图书馆 CIP 数据核字(2017)第 196407 号

书名	没有做不好的客服
作者	单　戈
出版	中国友谊出版公司
发行	中国友谊出版公司
经销	新华书店
印刷	北京鹏润伟业印刷有限公司
规格	710×1000 毫米　16 开 13 印张　147 千字
版次	2017 年 10 月第 1 版
印次	2017 年 10 月第 1 次印刷
书号	ISBN 978-7-5057-4139-3
定价	42.00 元
地址	北京市朝阳区西坝河南里 17 号楼
邮编	100028
电话	(010)64668676

目 录

前言：你为什么挣得比别人少？/ 1

第一章 准备充分才有好未来

1. 你不主动，怎么有未来？/ 2
2. 客服也需要充分了解产品 / 7
3. 耐心是客服的必备素质 / 11
4. 预设可能遇到的问题 / 13
5. 必须知道的接待礼仪 / 23

第二章 别让成功"卡"在说话上

1. 为什么说不清？/ 30
2. 恰当的措辞，改变你的人生 / 35
3. 想要打动人心，必须会讲故事 / 40
4. 玩转幽默，从此不再尴尬 / 45
5. 不要"审问"顾客 / 52
6. 拒绝性语言要不得 / 57
7. "明哲保身"，却难独善其身 / 60
8. 应对抱怨，站在顾客角度思考问题 / 63

9. 善于沟通，找到顾客感兴趣的话题 / 66

10. 成功说服，让顾客赞同你的观点 / 68

第三章 80%的意思都不是用嘴巴传达的

1. 佛靠金装，人靠衣装 / 74
2. 肢体语言，让你成为关注的焦点 / 78
3. 你微笑待人，世界就向你微笑 / 83
4. 眼神偶尔也会出卖你 / 86
5. 察言观色并不落伍 / 90
6. 习惯性手势暗藏的心灵地带 / 93
7. 语言、表情和行为的一致性 / 99

第四章 学会倾听，你就成功了一半

1. 专注聆听，让对方向你敞开心扉 / 102
2. 不要一个人唱"独角戏" / 106
3. 留给对方说话的机会 / 108
4. 满足顾客说话的欲望 / 112
5. 不要打断顾客的谈话 / 115
6. 言由心生：听其声，识其人 / 119
7. 习惯成自然：通过口头禅看其个性特征 / 122
8. 你知道顾客的话外音吗? / 126

第五章 不同顾客的心理，你懂吗?

1. 没人会狠心拒绝热情的人 / 130

2. 寻找顾客的利益点 / 134

3. 让顾客满意，增加快乐体验 / 136

4. 让顾客快乐的五件事 / 142

5. 如何创造顾客体验 / 149

6. 顾客购物的心理阶段 / 150

7. 永远从顾客的思维角度出发 / 154

第六章　顾客投诉怎么办？

1. 处理投诉的基本流程 / 160

2. "打铁还需自身硬"，提高服务能力 / 164

3. 没有优秀的员工，就没有满意的顾客 / 171

后序　不得罪任何一个顾客 / 191

前言　你为什么挣得比别人少？

"用工荒"在近几年的媒体中频繁出现。在用人方面，一边是企业招不到合适的人才，一边是求职者找不到合适的工作。

特别是在服务行业。为什么同是客服人员，你挣得却比别人少？

有一点不容忽视：你不具备胜任工作的能力！另外，一些掌握了一定服务技能的人，缺乏一些职业基本常识和职场礼仪。

客服工作分为线上客服和线下客服两类。线上客服当下非常常见，比如网店的客服人员。而线下客服就是传统意义的客服人员。

以线下客服来说，顾客体验就是顾客对产品或服务的心理感受。例如，人们去星巴克喝咖啡所感受到的休闲、享受以及小资情调；青少年穿耐克鞋的酷炫感受；人们使用宜家家具享受到的简约而不失时尚的生活方式。可见，顾客获得的不仅仅是具有实际功能的产品，更是一种感觉，一种情绪上、智力上，甚至精神上的体验。

线下优质的服务主要体现在以下几个方面：

第一，微笑、问候、礼貌。每一位顾客在光顾时，都希望见到客服人员亲切的微笑，热情、真诚的问候，彬彬有礼的举止。这是客服人员留给顾客的第一印象，也是顾客得到尊重的第一感受和情感需求。

第二，高效、规范、准确。无论是前台登记入住，还是餐厅用餐、客房服务，过久地让顾客等待，都会使企业的服务大打折扣，甚至招致顾客投诉。99%的顾客都希望入住的企业提供快捷、规范、精确的服务。

第三，尊敬、关心、体贴。日本的服务业把对顾客的尊敬、关爱、体贴放在了首位，并贯穿于整个服务之中。见到顾客时，亲切的问候、甜美的微笑、90度的鞠躬、礼让服务等，处处体现出把顾客当成上帝的服务理念。尊重、关心、体贴是企业留住老顾客，吸引新顾客，与顾客建立朋友、亲人般关系的基础，是服务行业经营管理的生命。

第四，诚实、守信、忠诚。客服人员不但要尊重、关心顾客，还要忠诚于企业，忠诚于自己从事的服务事业。更要忠诚于顾客，要诚实可靠，守时履约，诚信待客。

我们常说"顾客就是上帝"，而服务是企业的灵魂。服务水平的高低，直接影响着企业的经济效益和社会效益。所以，对于一个企业来说，训练一支高素质的服务团队至关重要。一流的服务来自一流的员工。在这个以服务缔造竞争优势的时代，作为服务载体的客服人员，不仅体现了自身的素质，更代表了企业的形象。

特别值得一提的是，随着互联网技术的发展，淘宝、天猫、京东等购物平台的出现，网上销售已经成为厂商竞争的重要阵地。于是一个新的工作岗位——网络客服，对企业来说，显得尤为重要。

网店客服是顾客网购的过程中，客服人员利用各种通信工具，通过网上即时通信工具，如淘宝网的旺旺，为顾客提供的一种服务。网络客服对网络有很强的依赖性。在这个服务工作中，一般包括顾客答疑、促成订单、店铺推广、顾客下单、收获服务等内容。

网店客服人员如何为顾客提供服务呢？

通常来说，一些规模较小的店铺，通常一人身兼数职，对于客服并没有细分。但是对于规模较大的店铺，往往对客服工作有较细的分工。通常的网络客服有以下分工：

第一，通过旺旺、电话等通信工具工作，解答买家问题的客服。

第二，有专门的导购客服，帮助买家更好地挑选商品。

第三，有专门的投诉客服，处理客户投诉。

第四，为了招揽更多顾客，有专门的推广客服，负责网店的营销与推广。

第五，顾客下单完成之后，有专门帮店主打包发货的客服。

其实，不管是线上的网络客服，还是传统的线下客服，都需要具备同样的客服工作技能。只是服务的平台有区别，也就是线上线下之分，本质并没有区别。

那么，如何为顾客提供有价值的服务？

这里先从服务的概念讲起。服务是指一种以顾客为导向的价值观，任何能提高顾客满意度的内容都属于服务的范围之内。为顾客提供服务，不仅是一种活动，一个过程，还是某种结果。

关注顾客需求，不仅要关注顾客的"理性"需求，还要关注顾客的"感性"需求。顾客体验突出了顾客感性需求的重要性。通过技术与人性、科学与艺术的有效结合，在实现基本功能和性能的基础上使产品或服务更加人性化。从而创造出难忘的体验，让产品或服务与顾客共鸣。

服务水平的高低，决定了顾客的满意度。三流的客服人员不清楚顾客为什么不满意，怎么使顾客满意；二流的客服人员清楚顾客为什么不满意，不知道如何使顾客满意；一流的客服人员知道顾客为什么不满意，而且有方法使顾客满意。

从三流到一流，虽然只有"一字之差"，却有"天壤之别"。如何做一名一流的客服人员？

只要我们肯努力，不管是服务于线上，还是线下，每一个人都能成为最优秀的客服人员。就像拿破仑所说，"不想当将军的士兵不是好士兵"。每一家服务型企业都在锻造自己的客服明星。在我们的生活当中，天天可以听到明星的故事，这么多明星，都在我们的耳边家喻户晓。那么我们如何成为客服人员中的佼佼者呢？

先看一下顾客对服务的要求。顾客说，我很现实，比几年前更现实。我们的顾客对我们的要求，除了高以外，不像以前了。我们在销售和服务过程中，怎样去了解顾客的需求，怎样去了解顾客的类型？怎么知道顾客到底需要什么？他的期望值是多少？我们怎样超越他的期望值呢？怎么样去满足他的期望呢？这是我们要思考的。

顾客除了购买我们的产品，还要让我们提供服务。顾客说，你们必须超越我的需求，才会让我满意。怎样才能让顾客满意？究竟如何满意？

让顾客满意，有四大维度：

第一，有形度，让顾客感觉，你像一个专业的客服人员，形象让顾客喜欢。这是外在的表现。

第二，专业度，看你是不是很专业。问你什么，你都知道。问你产品，你能一二三说得很清楚。

第三，信赖度，除了我们有好的口碑外，能否让顾客信赖你。

第四，及时度，你在提供服务时，能不能快速、及时，让顾客感觉满意。

在竞争十分激烈的今天，必须营造轻松、愉悦的氛围。塑造企业精品意识，追求的服务必须是规范、个性、超值，甚至是令顾客备受感动的服务，以满足多层次、多方面、多变化的服务要求。

只有具备了多方面的能力，你才能在职场中更进一步。

以此为序。

第一章 准备充分才有好未来

古人云：凡事预则立，不预则废。机会只青睐有准备的人，准备越充分胜算越大。客服人员不仅要熟悉自己产品的优势劣势，还要熟悉顾客需求、顾客问题等，这样才能显示客服的威力。

1. 你不主动，怎么有未来？

作为一名客服人员，不管你是线上的客服人员，还是线下的，你的执行不能是被动应付，而必须是主动负责。完成上级布置任务的状态，可以分为三种：

第一种，敷衍应付。做是做了，但和预想和要求的差很多，也就是打了折扣；

第二种，领导要求的，会做到；领导没要求的，不会多做；

第三种，不仅领导要求的会做到，领导没有要求的，只要是有利于把事情做得更好的，都会主动去做，让结果远远超过领导的期望。同样作为线上或线下的客服人员，在工作中，不是去被动应付，而是能够主动负责。

为什么很多时候执行的效果会不尽人意？一个至关重要的原因就是，很多人一接到任务，第一个反应就是"好烦人，整天不是做这个就是做那个，真不想做""事情都成堆了，赶紧做完拉倒""无所谓，拖一拖再说"……一有这样的想法，必然会造成两个后果：一是马马虎虎，不是想着如何做好，而是想着如何省事，能够赶紧完成，应付过去；二是不会主动去思考，如何才能做得更到位，结果必然会大打折扣。

打个比方，做服务工作，就好比是跟顾客在谈恋爱。对一个心仪的女孩子，你只有主动出击，了解她，关心她，你才能够虏获芳心。线上的客服，你要主动通过通信工具与顾客联系；而线下的客服，要主动与顾客沟通，并发掘顾客的潜在需求。只有主动出击，才有可能赢得顾客。只有保持主动的心态，我们才能在困境中仍对未来充满希望。事实上，这也正是成功者与失败者的差异所在。

每个人在刚刚进入一家新公司或者获得一个新岗位时，都会有新鲜感。但是，当新鲜感消失，工作驾轻就熟之后，人们的工作激情往往会跟着消失。这时候就要在工作中扮演主动的角色，通过不断给自己树立新的目标，挖掘新鲜感。

而这么做的前提就是，不要只把工作当成谋生的手段，而要把自己的事业、成功和目前的工作连接起来。没有这个前提，你就没有挑战更高目标的动力，就会在日复一日、年复一年的重复性工作中慢慢倦怠，失去激情。这种"做一天和尚撞一天钟"的心态非常要不得。

我们来看一个小故事：

一个小和尚在寺院担任撞钟一职。半年下来，对于这个机械似的重复工作，他感到非常无聊，于是每天都敷衍了事，得过且过。有一天，主持告诉他，他已不能胜任撞钟一职，只能调他到后院劈柴挑水。小和尚很不服气地问："我撞的钟难道不准时、不响亮吗？"

老主持耐心地告诉他："你撞的钟虽然很准时，也很响亮。但钟声空泛、疲软，没有感召力。钟声是要唤醒沉迷的众生，因此，撞出的钟声不仅要洪亮，而且要圆润、浑厚、深沉、悠远。"

小和尚撞钟的心态，就是典型的得过且过、被动消极的心态。从来不想着主动把工作做好，仅仅只是应付"公事"。这就告诉我们，做任何事情都要用心主动，否则是没有未来的。

无论是线上还是线下的客服人员，只有主动调整自己的心态，才能做好客服工作！

顾客要的其实很简单。他不是要你把他当爹当娘，他只是要你一个端正亲切的态度，要得到一个美好的感觉。而这么简单的要求，你却给不了。其实这并不难做到，完全只在一念之间，那就是态度决定一切。态度决定一切，不是方法和技巧。

松下幸之助说："服务将决定能否让顾客满意。一切都是从服务开始的。"我也一直强调要永远赢得顾客，就要做服务。这也是许多成功企业所推崇的，成功的企业无不把服务作为核心竞争力。很多商家会失去顾客，并不是他的产品不好，而是低劣的服务把顾客给得罪了。

任何服务行业，重视顾客都是非常重要的。拥有忠实的顾客群，是一家服务型企业成功的必要因素。而作为客服人员，就更需要重视每一位顾客，认真做好服务工作，主动积极地为顾客服务。

热情周到要求客服人员待客如亲人，初见如故，面带笑容，态度和蔼。在顾客面前，不管服务工作多繁忙，压力多大，都要不急不躁地服务好顾客。热情周到同样适用于当下的网络客服。你的态度，能通过网络传播给顾客，顾客能感受到你的热情和积极主动。顾客有意见，虚心听取；顾客有情绪尽量解释，决不与顾客争吵。发生矛盾要严于律己，恭敬谦让。

在提供服务时应该让顾客感觉到你是真心为他服务，而不是敷衍塞责。这就要求客服人员在提供服务时态度一定要好，对顾客提出的问题要及时耐心地解答。良好的沟通是为顾客提供良好服务的关键。当顾客致电投诉或反映问题时，是希望得到重视，得到帮助。要设身处地为顾客设想，体会顾客的感受。

对于网络客服而言，客服工作的好坏，直接关系到店铺的转化率和成交率。当顾客通过搜索或者广告进入你的店铺之后，一般顾客都会咨询客服人员一些相关产品的问题，那么客服人员是否能主动为顾客解答就显得尤为重要。

总之，多问、多推荐，一定能接大单。

同样，线下客服人员该怎么做到主动，又该如何培养主动意识。以下是我的一些想法和建议。

（1）培养主动服务的意识

服务意识从本质上来说是一种主动服务，被动的服务永远不会得到顾客的认可。如果客服人员能够随时随地、积极主动地发现顾客的需求，并主动帮助顾客满足他们的需求，那么就能最大限度地留住顾客，使他们再次光临。

（2）积极主动地面对所有工作

很多客服人员在工作一段时间后，就慢慢疲倦了、无所谓了，甚至变成老油条了。如果你也是这样，那你永远不要忘了，很多领导和同事都在看着你。我们不妨问问自己，每天都勤勤恳恳吗？每天都用心去做好眼前的工作了吗？每天都积极主动地面对所有的工作吗？

（3）给顾客提供抢先服务

在顾客没有表明需求前，客服人员提供抢先服务。比如，我们去餐厅吃饭的时候，没等顾客开口，迎宾员就主动上前接待，询问是否来用餐？有几位？是否预定，去包房？还是大厅？然后引领顾客去用餐区。这是一种抢先服务，通过主动询问，不仅了解了顾客的需求，还帮助自己找到了真正的消费目标。

（4）主动提高服务水平

客服人员在工作中要给顾客提供主动服务。比如顾客在用餐过程中，客服人员要做好巡台、加汤、打沫、撤换空盘等工作，主动服务好顾客，及时解决顾客的不便。在服务过程中，要注重细节。比如在加汤时，要避免汤水溅到顾客的身上，细微服务更能让顾客感动。

（5）主动与顾客沟通，收集顾客意见

客服人员在工作中，要主动与顾客进行交流，询问顾客对公司以及客服人员有什么建议。客服人员收集这些好的建议，统一汇报到公司。这样才能不断改进，不断创新服务，也能不断提高顾客的满意度。

俗话说得好，世上无难事，只怕有心人。作为客服人员，你的心用在哪里，收获就在哪里。一个优秀的客服人员，在工作中一定具备主动的服务意识，自觉发挥在工作中的积极性和创造性，为顾客提供良好服务。

2. 客服也需要充分了解产品

售前的准备工作非常重要。对于一个客服人员而言，不管你是在网店还是实体店，不管你从事网络客服还是线下客服，都必须充分了解自己的产品，包括功能用途、卖点和优势，都要做到清清楚楚地了解。这需要一个学习的过程，因为没有哪一个客服人员不了解产品就能做好服务工作。

据调查，真正做到了解产品的客服人员不到30%。很多客服只知道产品的价格，最多知道一般的使用方法，而对产品的生产流程和各项指标一无所知。当顾客在问到的时候，根本说不出关于产品的种种特点，一问三不知，这样你就无法说服顾客。还有的客服人员由于对产品不了解，在服务过程中没有向顾客指明产品在使用过程中应该注意的事项，以致造成了不应该出现的质量问题。

要成为一个优秀的客服人员，不仅要了解产品的基本知识，还要了解产品的应用知识。要向顾客说明相应的使用价值，对这些知识了解和准确把握。例如，同样的产品，同样的服务态度，有的人一天能卖出10件产品，而有的人只能卖1件，原因就是他们对产品的熟悉程度不同。一个对自己产品了如指掌的人，在面对顾客时总能信心十足。当你在向顾客细致入微地讲解时，你就已经处于主动的地位了。在你够专业、够诚恳、够耐心的服务态度影响下，你的这一单可能已经做成功了。

只有充分了解了自己的产品，才能对产品自信。

相信自己的产品，就是要相信自己所做的产品是最好的。即使外边有比自己更好的产品，但我们仍要让顾客相信我们公司的产品是最好的。只要你肯定地认为你的产品是最好的，那么你一定能够将这种意识传达给顾客，一举攻破顾客的心理防线。

首先，要让顾客知道我们的产品是优质高效的产品，并对之充满信任。你可以直接阐述产品的试验效果，提供资料与对照品的对照图片，最好是有权威机构的试验报告。

利用同理心，通报公司对该产品的重点投入情况。如："王经理，如果说产品效果不好，公司不会把该产品作为重点产品而重点投入。因为这要冒很大的风险，没有老板会傻到花大钱去生产一个效果不好的产品。换您也不会这样做，您说是吗？"

承诺可以采用先试用后购买的原则。如："王经理，我可以先送些样品给您，你先试用一下，然后再根据效果决定是否购买，好吗？"紧接着说，"您也知道，样品也是要钱的，发到这里还需要费用。如果效果不好，我是不敢花钱来做这个事的，您说是吗？我对产品充满信心，因为我很清楚产品的效果。"这样就可以大大提升顾客对产品的信心和对效果的认定。

其次，充分展示产品的独特卖点。在市场竞争激烈，产品同质化严重的今天，配方、功能等相同的产品非常多，这是一个普遍存在而又务必要解决的问题。而"FABE推销法"就很好地解决了这一问题，从而顺利地实现产品的销售。

F（Features），特征，即自己产品所独有的；A（Advantages），优点，即与同类产品相比较，它的优势是什么；B（Benefits），好处，即产品能带给顾客的利益、好处，激发顾客的购买欲望；E（Evidence），证据，包括技术报告、顾客来信、报刊文章、照片、示范等，证据具有足够的客观性、权威性、可靠性和可见证性。

简单地说，就是在找出顾客最感兴趣的特征后，分析这一特征所产生的优点，说明这一优点能够带给顾客的利益。最后提出证据，证实该产品确能给顾客带来这些利益。其标准句式是："因为（特征）……从而有（优点）……对您而言（好处）……您看（证据）……"

如："王先生，您好。这款床垫内胆采用袋装弹簧（F 特征），根据人体工程学原理排列组合，可分别承受压力；同时能有效地防止弹簧之间的摩擦（A 优点），能使人体重力得到有效的承载，令脊柱保持自然，确保睡眠安稳舒适（B 好处）；经专家检测：袋装弹簧的分解压力性能明显高于普通弹簧，并且能使全身肌肉得到充分放松；可以提供有关证书（E 证据）。"

如果有顾客就产品问题向你咨询，你支支吾吾地不敢正面回答他，会让顾客觉得这个产品并不是那么好。他对产品的兴趣会大大降低，甚至不会在你这里购买。那么，面对顾客的问题，我们该如何自信地应对呢，有以下话术可以作为参考。

如果有顾客向你咨询产品效果的问题，如：你的产品怎么样？效果怎么样？真的有效果吗？真的有用吗？

针对这类问题，我们要直接、明确、正面地用肯定的口吻回答他。如："您好，我们的产品效果非常好的。这个产品已经在市面上销售好几年了，顾客都反映说很好。您使用后就知道了，它是一款非常不错的产品哦！"

如果顾客听过我们的产品介绍之后，提出反对意见，如：如果这个产品没有效果怎么办？

对于这类问题，要很有信心地解答。你的信心来自于你对产品的信任，而且是百分之百的，不带任何折扣的。如："您好，根据用户实际反馈的信息来看，我们的产品效果都非常不错，相信对您的效果也是非常明显的。"

俗话说："干一行，懂一行，爱一行。"一个专业知识深厚的人总是会得到更多人的尊重。在自己所处的岗位上，就应该了解该行业的种种特点和行情，以备不时之需。当你对自己的产品了如指掌的时候，顾客自然就会对你信赖有加，对你所做的介绍和产品，都会欣然接受。

3. 耐心是客服的必备素质

再好的产品，再好的服务，都会有让顾客觉得不满意的地方，都会存在顾客抱怨。线下顾客的抱怨，只是你和公司知道，抱怨解决不好，可能你会失去老顾客；但是如果顾客在网上抱怨，这种抱怨会随着网络传播开来。你不仅失去老顾客，更会失去潜在顾客。

如果一个企业没有好口碑，那么会是一件糟糕的事情。客服工作的重要性在于处理不好抱怨，将会使公司失去老顾客甚至更多的潜在顾客；处理得好，可以提高顾客的满意度，进而提高顾客购买欲望，其结果是为企业带来更大的利润。

然而，我发现很多企业对顾客的抱怨缺乏耐心，甚至认为顾客的抱怨是一件很麻烦的事。在商界就流传这样一句话"抱怨是金，投诉是宝"。顾客的抱怨不是麻烦，而是机会。一个没顾客抱怨的企业是一个危险的企业。事实上，很多顾客遇到不满意绝不抱怨一句，而是直接投向竞争对手的怀抱。

根据美国权威调查结果显示：一般的企业只能听到4%不满意顾客的抱怨，而剩下96%的顾客就默默地离去。也就是说，如果有100个不满意顾客，你只能听到4个抱怨的声音，而那剩下的那96个顾客的抱怨声你是听不到的。这部分人对你非常不满意，但他们就是不告诉你。

所以当你听到了一点顾客抱怨，你就要十分警惕了。因为这可能只是冰山一角而已，还有很多是被埋藏起来了。如果你对此满不在乎，那么不满的顾客就会转身离开，不再光顾，口碑发酵后可能会影响企业的生存。

做好客服工作，耐心是你必备的素质。那么，如何做到有耐心的服务呢？

特别是网络客服，在与顾客的沟通过程中，只能通过语言的方式，所以客服人员的脾气一定要收敛。如果脾气差的客服，动不动就和买家吵，这样是不行的。

怎么算是做到有耐心呢？比如，当买家反复问一个问题，要有耐心一一回复。

在工作过程中，应保持热情诚恳的工作态度。在做好解释工作的同时，要语气缓和，不骄不躁。如遇到顾客不懂或很难解释的问题时，要保持耐心，一遍不行再来一遍，直到顾客满意为止。始终信守"把微笑融入声音"，"把真诚带给顾客"的诺言。这样，才能更好地让自己不断进取。

抱怨要处理，抱怨要解决，投诉要重视。如果你把抱怨处理得好，70%的顾客会再度光临。也就是顾客有抱怨的时候，你马上处理，10个中有7个会再给你机会的。为什么呢？

要回答这个问题，你就要懂得顾客心理。

换位思考一下，当你是顾客的时候，你的投诉代表什么？代表你的不满意想宣泄出来，让商家能够看到听到感受到，并且希望他们能马上来为你做一个耐心的安抚。投诉的目的是想把你的抱怨解决掉，让你再度满意，对吧？如果商家马上来解决的话，会感觉人家态度这么好，这么有诚意。"人非圣贤，孰能无过"，谁做生意不会犯错呢，并予以原谅。

如果你感受到别人马上有诚意来为你解除抱怨的耐心，甚至真的处理得非常好的时候，你是否会觉得这家店不错，下次再给它机会呢？如果是的话，将心比心，你的顾客也跟你一样，10个有7个会再度光临。

4. 预设可能遇到的问题

预设可能遇到的问题，提前做好准备，才能把客服工作做到位。特别是对线下的客服来说，可以说不打一场没有准备的仗。当然，这些技巧同样适用于网络客服，只是服务的形式不同而已。网络客服人员在学会这些技巧之后，要灵活运用在自己的日常工作当中。

（1）初次接触顾客会遇到的问题

与顾客见面的一刹那，是顾客最敏感的时刻。那一刹那对他来说是第一印象，也决定了他是否喜欢你。那一刹那你怎么对待他，决定了他往后要不要继续再跟你接触。

所以，初次接触时，万全的准备是最好的方法。要哪些准备呢？

第一，见面时的礼貌要训练。

第二，接电话时候的礼貌要训练。他电话里都会有感觉，要不要跟你做生意。有一次，我打电话到酒店订房。连续打了两次都没人接。直到我打第三次，电话响了半天，才有人接。于是我就说："你好，我要订房。"服务员慢悠悠地说："好，我给你转到订房部。"说完，她马上就把电话挂了。

请问，我还要不要再打电话去订房？

当然不要了。她是订房部的一线接线员，态度都这么差。我想，他们的客房服务也不会好到哪里去，所以我就不在他们这订房了。

第三，针对顾客问话，做好回答的准备。顾客会问你哪些问题，你事先都要想好。

对顾客所有的问话，你要做到有问必答，一问一答。你可千万别说，这个我要问我的老板，那个我要问一下我们的经理。如果你每次都这样回答不了他的问题，那他就不会和你做生意了。

第四，针对个别状况做准备。遇到特殊情况，你要为此做个别准备。有些人的要求就是跟一般人不一样，因此你要去抓出那个特殊情况的人。到底有哪些特别的情况，你做好准备。

第五，专业的话语。你可以反思一下，你们与顾客的对话是否够职业化，够专业，你们所说的是否会让顾客觉得第一印象好。

（2）当顾客生气时

当顾客生气时，你应该怎么办呢？

有人说，当顾客生气时，我就躲开。如果你有这种想法或者做法，都是大错特错的。当顾客生气时，用和气化解生气的要点有以下四点：

第一，保持冷静。顾客生气了，你可千万别跟着生气。你一定要保持冷静，心平气和地跟顾客谈。

第二，体谅他。这个时候，你要很体谅顾客，站在他的角度去想。你可以这样说："先生，我很理解你的处境。如果我是你，我会跟你一样这么生气的。"只要你说完这句，顾客心中有多大的气，也会消了一大半。

第三，想办法帮他解决问题。顾客生气了，你以为他是无理取闹或者故意为难你。你要知道，顾客绝对不是要找你麻烦，也绝对不是跟你吵架，他是要你赶快帮他解决问题。他之所以会生气，是想借由愤怒，借由肢体动作，借由大声，来让你感受到问题的严重性，希望你关注他。

第四，处理完事情以后，事后比事前更客气。当你把顾客的问题解决后，你的态度要比之前更谦和，更客气。这样顾客才能感到你是真心诚意的，而不是矫揉造作的。

(3) 当顾客拿不定主意时

当顾客拿不定主意时，你若处理得好，顾客会很满意并感激你；若你处理不好，顾客会觉得你服务不好，他也很失望。所以在关键时刻，一定要慎重处理顾客的要求。

什么叫顾客拿不定主意时呢？例如，顾客到你店里选购衣服，可是他不知道买哪一件好，也不知道买哪一款好。这时，你要给他帮助，给他提建议。记住，顾客拿不定主意时，要你给建议你就给建议。

记得有一次，我到一家餐厅去吃饭，看到菜单上有辣子鸡和辣子虾，看它们的样子差不多，都是放一大堆辣椒。于是我就问服务员，辣子鸡好吃还是辣子虾好吃。

"先生，辣子鸡不错，辣子虾也挺好。你自己看你要什么，我们这边每个人口味不同，我不能帮顾客做决定。"

我只是希望他给我一点建议，说不定，他说点什么，我就点什么了。那时，我实在拿不定点什么好，就再次询问了他，到底辣子鸡好还是辣子虾好。没想到，他还是说，每个人口味不同，我觉得好吃的，未必你也觉得好吃。我不是故意要麻烦他，只想知道哪个好吃，我就点哪个。后来，我又问他："这两个菜哪个点的人多。"

"先生，点什么的人都有。别人点的也未必与你相同，还是看你喜欢吃什么？"

"有这么费劲吗？你就告诉我辣子鸡和辣子虾哪个好吃就行。"

"很抱歉，你自己决定。"

你是不是也遇到过类似的情景。很多人不敢帮顾客下决定，不敢给建议,让顾客自己安排。其实,这都是不对的。当顾客拿不定主意时,如果你处理得好,顾客会非常开心。怎么处理呢?

第一,你要了解他是否有决定权。要不然你给建议也没用。

第二,你要向他问一些问题,以便了解他。

第三,给建议,说理由。比如,服务员说:"我建议你点辣子虾。一是,你还没有点海鲜。二是,你已经点了两盘鸡,没必要再点一盘了。"顾客一听,觉得很有道理。记住:给顾客建议时,要说理由顾客才容易接受。

第四,不要给太多选择。否则顾客还是拿不定主意。

第五,自信要超过顾客。你需要非常自信地帮顾客做决定,给他建议。如果你自己都犹豫不决,顾客肯定不会相信你。

(4) 当顾客拒绝时

当顾客不消费的时候,怎么办呢?

松下幸之助教育他的经销商,当顾客东看西看,并且你花了很长时间招呼他,结果他不跟你买东西了。这时,你要怎么对他呢?答案是对不买的顾客要比原来更客气:

"先生,最后决定你要买哪一款。"

"不买,不买,我走了。"

"谢谢!谢谢!"

"慢走,我送你!"

"不用,我又没有跟你买东西。"

"没关系,毕竟你给我一个机会,让我为你服务。希望你有机会能再回来。"

"谢谢。"热情地送着顾客离开。

可是，大部分的顾客不买的时候，客服人员都白眼看人家，总是一副很烦、很失望、很无奈的表情，甚至连巴不得他快点走的情绪都表露出来。虽然顾客也有所准备，但他心里还是不好受。

当你对不买的顾客比原来更客气的时候，也许他会对你产生好印象，也许下次会回来跟你买东西，或者会介绍顾客跟你买东西。你觉得这有没有可能呢？当然有。所以，对不买的顾客要比原来更客气。

(5) 当顾客抱怨时

当顾客有抱怨的时候，你应该怎么办呢？

唯一的解决之道就是你要抱着"感谢抱怨、欢迎抱怨、解决抱怨"的态度。你不要害怕顾客的抱怨，事实上，顾客的抱怨有以下好处：

首先，顾客的抱怨可以指出你的不足，指出公司的缺点。

其次，顾客的抱怨是你再次服务他的好机会。如果顾客有抱怨，却一声不响地走掉，你就没有机会重新服务他了，而他也不会再度跟你做生意。

最后，顾客的抱怨是提升顾客忠诚度的好时机。什么意思呢？你有没有一种感觉，如果顾客从头到尾没有一点抱怨，就这样很正常地离开，你觉得这样他会对你印象深刻吗？当然不会。因为只要事物按着正常的事理发展，大多数人不会对它有什么印象。一旦额外的事情发生了，人们就记忆深刻。根据这个原理，顾客一有抱怨的时候，你就抱着"感谢抱怨、欢迎抱怨"的心态帮他解决抱怨，直到他满意为止。这时，他对你的印象比原来更深刻，他对你的口碑比原来更好，他对你的忠诚度比原来更高。这就是我要讲的"感谢抱怨、欢迎抱怨、解决抱怨"。既然顾客抱怨这么关键，那么处理好顾客抱怨就显得更为重要。

接下来，我就跟你分享处理顾客抱怨的八个步骤：

第一，诚恳地了解。顾客一旦有抱怨，马上诚恳地了解顾客的抱怨。

第二，要做一下记录。了解顾客的抱怨后，马上把他的抱怨记下来。

第三，了解他希望的解决方法。只有顾客喜欢的解决方法，他才会最终满意。

第四，提出解决方案并让他同意。

第五，若对方不接受，请对方自己提出他想要的解决方法。

第六，解决了之后，还要打电话过去，看他是否满意。

第七，确定公司是否真的把此事处理完毕了。

第八，要给他留下你服务很好的印象。

这八个步骤，世界一流的企业都在做，所以你一定要按照这几个步骤去建设一套你的抱怨处理系统。这不但可以让你知道是否真的解决了问题，同时还可以给顾客留下服务很好的印象。

(6) 当顾客快要失望时

什么叫当顾客快要失望时？顾客总会有些要求，你满足不了；顾客总会有一些事情谁都不希望发生，但却发生了，怎么办？

记住这个公式："道歉" + "补偿" + "加一"。第一，赶快道歉，不要解释理由；第二，把你该补偿人家的补偿了；第三，略施小惠，也就是"加一"。

先看这样一个案例：

王总定做了一套西服，回家试穿时发现西服裤长了，于是去店里问个究竟。

一到西服店，王总问："你们怎么搞的，裤子长了这么多。"

"先生，很抱歉！"一位店员十分歉意地说。

这就是公式中说的，首先要道歉，而不需要任何的解释。

"先生，这是我们的错，我帮你修改好。"

这就是补偿。补偿顾客的损失，顾客会认为这是你应该做的，不会惊喜。所以此时，你还要"加一"，就是给顾客一些补偿以外的小恩小惠。

"先生，在我们这里消费满7000元，会赠送一张700元的优惠券。为表歉意，我们现在送你一张700元的消费券。希望你能在一年之内再次光顾我们的店，随便选购你要的衣服，希望你能重新给我们服务你的机会。"

这就是我说的补偿之后还要"加一"。这时，顾客会觉得你服务得很好，也特别乐意重新和你做生意。

(7) 当顾客有抗拒时

顾客一有抗拒，就会说你的产品贵，会嫌你公司不好，会抱怨你的服务不好……如果出现诸如此类的抗拒时，你不要和顾客辩论，不然赢了辩论，输了生意。记住：不论顾客有什么抗拒，你都不要和他争辩，你要做的就是认同他。这时，你要对他说"是的，是的"，先保持这个认同的态度，再向他解释。

关于这一点，我教给你一个递进式解决办法：感受—觉得—发现。怎么理解这个递进式呢？也就是说，当顾客有抗拒时，你先这样对他说："我理解你的感受，以前我的朋友陈小姐，她也这么觉得。后来经过产品体验之后，发现原来事情不是这样的。"这就是我刚才讲的"感受—觉得—发现"。明白了这个递进式了吗？除此之外，你还可以用以下几种说法：

第一，我很同意你的说法，我也有一点小小不同的意见，你可以听一下吗？

第二，我很感激你的意见，我可以表达一下我这边的看法吗？

第三，我很尊重你的看法，你可以听听看我的声音吗？

如果你能这样先认可别人，别人就感到自己被尊重了，也就会对你以礼相待，甚至会心平气和地听你的声音。但是，如果他被你反抗了，他会更大力地反抗你。总之，当顾客有抗拒时，不争辩，而是认同他。

（8）当顾客想买时

你有没有遇到这样的情况：有顾客想跟你买某种东西，可是他犹豫不决下不了决定，你也没有帮他下决定。最后，他只好离开了。假如你是这位顾客，因为下不了决定而离开，你感觉好吗？事实上，你没有买到你想买的东西，会是一种失望的情绪。所以顾客需要你帮他下决定时，你要果断地帮他下决定。否则，他会因此而感到难过，觉得你服务不好。

在顾客想买时，你要做以下几点：

第一，帮顾客下决定。"先生，买这个没问题。"在顾客想买的时候，你对他说这句话能加强他的决心。

第二，让顾客买得容易。在顾客有购买欲望时，你要提供方便快捷的交易方式。比如，提供刷卡服务、分期付款、先交订金等多种不同的交易方式，方便有需求的顾客。

第三，在顾客想买的时候，直接提要求。大部分人因为恐惧、害怕被拒绝等心理障碍，而不敢要求顾客下决定。这时，他们会在心里想：你要不要买，随便你，你自己看着办；你要考虑，那你就自己慢慢考虑……这些想法都是错误的。此刻，你要做的不是用各种错误的想法限制自己，而是直接要求他。

(9) 当顾客购买后

很多人在顾客购买东西之前，会对顾客百般地好。可是买完后，热情就冷却。顾客也担心买完东西后会受冷落。当顾客购买后，怎么处理呢？很简单，给顾客的超过你所承诺的。

台湾经营之神王永庆，是卖米起家的。当年，有人来跟他买米，他总是会在顾客买完东西后给他们惊喜。比如，有位大娘来跟他买两斤米，他称完米后，就会说："大娘，这是两斤米，一共15块钱。"

在大娘掏15块钱付给小王的时候，小王说："大娘，我再给你加一点。"

小王给大娘多加了一点米，却不多收一分钱。如果你是这位大娘，你买大米后，高不高兴呢？当然高兴对吧！

下次，在大娘来买米的时候，刚好米价升了，小王就不好给大娘加多一点。可是他在大娘买米后，还是给了大娘惊喜。小王会在大娘付钱后，多给她火腿肠和鸡蛋。拿着免费的火腿肠和鸡蛋，大娘开不开心呢？当然开心了。

王永庆每次在交易完之后，会额外给人家多一点，永远让顾客得到的比想象的还多。所以，顾客都喜欢跟他做生意。

当顾客购买后，给顾客的超过你所承诺的。要做到这个原则，必须注意以下五个要点：

第一，加强他刚刚的决定。

第二，购买之后，你可以在订单上写下你的承诺。比如，要交多少货，几天送到等。

第三，打电话问候他。比如，问货送到没，用我们的东西感觉怎么样？

第四，建立密切的关系，并多联系他。

第五，不断超越承诺，比你原本答应的还要再对他更好一点。如果你能做到不断超越承诺，顾客就觉得你服务好。

5．必须知道的接待礼仪

　　服务形象是企业在提供服务过程中给顾客留下的整体印象。服务形象属于一种无形的东西，它贯穿于企业服务的整个过程。是企业给顾客提供的利益，一个企业要想抢占市场，必须提供良好的服务。未来的竞争就是服务的竞争，服务的因素甚至超过价格因素。

　　有人说，我是一家互联网企业，或者我做网络客服工作，不需要注重服务形象了吧？

　　其实这种认识是错误的。

　　当下，"互联网热"一浪高过一浪，传统企业也纷纷进入了互联网时代。格力空调在以往一直是采用传统的营销模式，但是到了这个大数据的爆炸时期也悄然地走进了互联网营销模式。也就是采取O2O模式，即线上线下营销模式。

　　随着互联网的发展，线上和线下之间的联系更加紧密。于是催生了一种崭新的商业模式——O2O，即Online To Offline，即将线下商务机会与互联网结合在了一起，让互联网成为线下交易的前台。这样线下服务就可以通过线上来揽客，消费者可以用线上来筛选服务。还有成交可以在线结算，很快达到规模。

　　O2O模式的关键在于，平台通过在线的方式吸引消费者，但真正消费的服务或者产品必须由消费者去线下体验，这就对线下服务提出更高的要求。而这些线上迅速崛起的创业型公司能否掌控稳定的服务体系也是一个很大的问题。

　　可见，服务虽然有线上与线下区分，但是并不对立，甚至以后会更加紧密地融合在一起。

客服人员的服务方式、服务态度、服务质量等给顾客留下的印象极为深刻。如客服人员笑容可掬，彬彬有礼，技艺娴熟，服务周到，会在顾客心中留下极佳的品牌形象，从而提高品牌的美誉度和信誉度，唤来更多的回头客。

服务形象是企业的活力所在。在明净的店堂内温馨的环境中，面对客服人员的亲切微笑和耐心服务，会产生一种"宾至如归的感觉"。这种以情感为纽带的温馨服务方式，是企业必备的服务形象特色。

如果我们把顾客当成观众，把企业当成舞台，把企业的员工当成演员的话，外在形象无疑就是演员的服装和化妆，并且会对演出效果产生重要影响。而事实上，对于顾客而言，企业真的就是一个舞台，员工就是在这个舞台上表演的演员，只不过和真正的舞台相比，员工这里上演的是服务表演罢了。

试想一下，如果在企业里，客服人员和顾客的穿着打扮是一个样子，顾客想找到身边的客服人员，难道需要大声喊叫和打听吗？相反，如果这里的客服人员都穿着制服，而且把不同职责的员工塑造出不同的形象，顾客便能一眼看出该找谁服务。

客服人员的外在形象也是整个企业环境的组成部分。身着整齐统一的工作装，一样的打扮，一样的气质，本身就是一道赏心悦目的美景，并带给顾客愉快的感受。

客服人员要给顾客留下良好的第一印象，使他们认可这一服务形象的话，应具有整洁、温馨的仪容仪表。客服人员在工作中的着装修饰、仪容仪表，必须在尊重自己和尊重顾客的基础上，突出自己的职业性、服务性，力求给顾客留下温馨美好的第一印象。线上客服的形象也应注意，这样有助于更好地提供服务。

（1）发型不能怪异

顾客去店里消费，并不是去欣赏客服人员的怪异发型的。因此，作为职业要求，无论男女，客服人员的发型都应从众。头发干净、梳理整洁，发型不得夸张，不能标新立异。

对于女性客服人员具体要求如下：应选择短发、马尾辫、烫发等较为保守型的发式；刘海不要把脸遮住，不染夸张发色，过肩长发要扎束于脑后；发夹要用单色，以深色为最佳；提倡加适量发胶、摩丝，头发不得有头屑。

对于男性客服人员来说：最好是短发，头发不能长过耳朵，不要蓄长发，也不要剃光头，发色以黑色为最佳，不可染夸张发色，不能有过分修饰，避免给顾客以油头粉面的感觉。

（2）面部洁净自然

作为直接面对顾客群的客服人员，面部修饰的第一原则是洁净。同时要保持卫生和自然，给顾客以朝气蓬勃、诚实可信的感觉。

作为一个客服人员，应该如何修饰自己的面部呢？

对于女性客服人员而言，要化适当的淡妆。口红、眼影须统一色调，不可浓妆艳抹，也不要不化妆；须对自己的面部皮肤、眉毛、眼角、耳朵、鼻头、口腔等做定期的检查和修饰保养，如眉毛的梳理、清洁，鼻部"黑头"的清理等。

对于男性客服人员来说，选择合适的护肤品对脸部进行保养；及时清除过长的眉毛、耳毛、鼻毛、汗毛；保持口腔的清洁卫生；若无特殊的宗教信仰或民族习惯，须坚持每天上班前剃须，不能留长须，不可戴深色眼镜。

(3) 着装大方优雅

这里指的着装是针对那些没有配发统一服装的企业。

客服人员服装的选择是有标准的，一是整洁，二是得体，三是易于工作。

着装也是一种无声的语言，它显示着一个人的个性、身份、角色、涵养、阅历及其心理状态等多种信息。客服人员在工作中要符合一定的着装原则。

第一，要和所处的环境相协调。当人置身在不同的环境、不同的场合，应该有不同的着装，要注意穿戴的服装和周围环境的和谐。客服人员的服饰穿着要整洁得体，且要与工作环境和特点相统一。

第二，要和身份、角色一致。每个人都扮演不同的身份、角色，这样就有了不同的社会行为规范，在着装打扮上也自然有规范。当你是客服人员时，就不能穿一些过分出镜的服装，以免有抢顾客风头的嫌疑。

第三，要和自身"条件"相协调。要了解自身的缺点和优点，用服饰来达到扬长避短的目的。所谓"扬长避短"重在"避短"。比如身材矮小的适合穿造型简洁明快、小花形图案的服饰；肤色白净的，适合穿各色服装；肤色偏黑或发红的，忌穿深色服装；肤色偏黄的，最好不要选和肤色相近的或较深暗的服装，如棕色、深灰、土黄、蓝紫色等，它们容易使人显得缺乏生机等。

第四，要和着装的时间相协调。只注重环境、场合、社会角色和自身条件而不顾时节变化的服饰穿戴，同样也不好。比较得体的穿戴，在色彩的选择上也应注意季节性。如春秋季节适合选中浅色调的服装，如棕色、浅灰色等；冬季可以选偏深色的，如咖啡、藏青、深褐色等；夏装可以选淡雅的丝棉织物。

（4）饰品的要求

饰物是指人们在着装时，同时选用的可供佩戴的装饰性物品，对人们整体的穿着打扮有辅助、烘托、陪衬和美观的作用。

那么，佩戴饰物时又有哪些具体要求呢？

首先是少而精。即正在工作岗位服务的客服人员，佩戴时一般不宜超过两个品种；佩戴某一具体品种的饰品则不超过两件。

其次男性客服人员尤其没有必要佩戴饰品。

第三是穿制服时，要求不佩戴任何饰品；穿正装时，要求不佩戴工艺饰品，如造型为骷髅、刀剑等的另类饰品；工作时要求不佩戴珠宝饰品，以减少不必要的麻烦。

第二章　别让成功"卡"在说话上

服务用语反映企业的服务质量和管理水平。如果你去一家饭馆吃饭或在网店选购衣服，遇上一个说话粗野，不讲礼貌的客服人员，就会闹一肚子气，认为这里的管理太差，以后再也不来了。

作为客服人员，即使穿着漂亮的工作服，如果说起话来不讲究艺术，很粗鲁，甚至带脏字，马上就会让人感觉这人没有教养。优美的语言，不仅给对方以好感，自己也会从心里感到真正的美。

说话对于网络客服人员更为重要，因为这是与顾客交流的最主要的工具。很多人觉得网络客服是一个很轻松的工作，只要回答顾客的问题就好了。但是，网络客服在工作中会遇到各种问题，比如，顾客一进店应该怎么反应？如何应对讨价还价？何时发货等？

这些问题，都需要客服人员用心仔细琢磨分析，随机应变，要具体问题具体分析。在网上与顾客聊天，掌握一些说话技巧，容易事半功倍，给你带来更多的收获。

1. 为什么说不清？

不管你说话的对象是否喜欢你，如果你没有把话讲清楚，你所做的一切将会毫无意义。如果对方不知道你在说什么，怎么按照你的建议采取行动呢？

别忘了，客服人员第一步要做的是要先了解我们的顾客，设法用最适合他们的方式来传达你的信息。"顾客就是上帝"，所以我们在与顾客沟通时，一定要思路清晰，保持双方之间的关系，服务是第一位的。

迈克尔是一家公司的客服经理，他所带领的团队业绩非常突出，是什么原因呢？

因为他经常这样鼓励下属："每天与顾客保持沟通,加强双方之间的联系,及时了解顾客的需求。及时了解最前沿的行业信息,了解行业动态。想想看,如果顾客比你了解得更多,他们怎么还会需要你的服务呢?要想提供有效的服务,你一定要比对手了解得更多,说话的时候,要展现出你的专业性。不管是在说话还是倾听,都一定要保持一个清晰的思路。"

最近几年,随着网络客服的兴起,由于使用错别字而导致说话不清,闹出笑话的也不在少数。我们来看这样的例子:

"有大妈吗?"(大码)

"亲,客服最大的27岁……"

"你能活到付款吗?"(货到付款)

"……我尽量。"

"你什么时候发火啊?"(发货)

"给差评的时候!"

"你们有尸体店吗?"(实体)

"亲,淘宝不让卖那个!"

……

(1) 服务语言的基本要求

服务语言是客服人员在为顾客提供服务时使用的沟通语言,是服务的重要内容,也是提升企业服务水平,展现企业良好服务形象,提高顾客满意度的重要措施。

客服人员必须对基本服务语言的内容和使用技巧有一个很清晰的了解,才能在为顾客提供服务时尽量减少不必要的语言失误和误会,并为企业树立起标准化、职业化的服务形象。

服务语言在形式上主要有四个要求：

第一，恰到好处，点到为止。服务语音不是演讲，在服务时只要清楚、亲切、准确地表达出自己的意思即可。不宜自己多说话，而要启发顾客多说话。这样做的目的在于，让顾客能得到尊重，得到放松，释放他们的心理压力，尽可能地表达自己消费的意愿。

第二，有声服务。服务过程中不能只有鞠躬、点头，没有语言的配合，只有手势。很难想象，如果客服人员提供没有声音的服务，是多么可怕的一件事情。

第三，轻声服务。我们看电视的时候，经常看到店小二的吆喝服务，鸣堂叫菜、唱收唱付，这是传统的服务。而现代企业的服务则讲究轻声服务，为顾客保留一片宁静的天地。即要求客服人员要三轻，即说话轻、走路轻、操作轻。

第四，清楚服务。一些客服人员由于性格过于腼腆，或者普通话讲得不好，在向顾客提供服务过程中，不能提供清楚明了的服务，造成顾客的不满。

另外，服务语言程序上的标准要求包括：顾客来有迎声；顾客离有别声；顾客帮忙或表扬时，有致谢声；顾客欠安或者遇见顾客的时候有问候声；服务不周有道歉声；服务之前有提醒声；顾客召唤有回声。网络客服也应如此。

(2) 使用服务语言应注意的问题

使用优美的语言，要涉及生活知识、服务知识、文化水平、个人修养等许多方面。还要注意说话的语音、语调、节奏，要分清讲话场合、受话对象等。下面简要列举几个使用服务语言时应该注意的问题。

第一，要力求语意完整，合乎语法。有的客服人员本来出于好心，但因为讲话意思不完整，使顾客误解，导致顾客不高兴。

比如：餐厅服务员看到顾客碗里饭吃完了，问："您还要饭吗？"有的顾客到柜台买袜子，售货员问："您要男的要女的？"顾客买完了东西，说："我给您捆起来。"这样的话中国人听起来如不仔细琢磨，也许还不至于有多大的反感。而外宾或者是重归故土的海外华人，听起来就会反感，甚至误解。

如果把这些话稍加完整，效果就会不同："我再给您添点饭吧。""您要买男袜还是女袜？""这样不好拿，我给您把这些东西捆一下。"这样一来不仅顾客听着舒服，而且显得客服人员有礼貌，周到热情。

第二，要摆正客服人员与顾客的关系。有些客服人员见到比较熟悉的顾客，在打招呼时往往随便用个"hello"，以为很亲切。殊不知在英语里这是处于平等地位的熟人之间用的，而出自客服人员之口就显得不够礼貌。为了表示对顾客的尊重，不妨用个"您好""早安"之类的问候语，就合于客服人员的身份了。

在需要提请顾客让一下的情况下，尤其要注意语言礼貌。即便是顾客等的时间不长，也应该说一句"让您久等了"。这样既能使顾客感到客服人员的礼貌，又能达到让顾客让一让的目的。

第三，要语言简练清楚。服务语言要注意说话的场合，切忌喋喋不休。要礼貌文雅，清楚易懂，言简意明。比如在接受顾客交办事项时，可以用"好的"，"明白了"。

没必要为了表示自己热情，而加上一些无关紧要的诸如赞许之类的语言。这样容易使人反感，甚至误解，以为你还没有听懂他的意思。有时顾客在思考问题，或是与朋友交谈，不喜欢别人打扰。如果这时客服人员过分殷勤，在一旁喋喋不休，也会招来不快。

(3) 把话说清楚的"大敌"——模糊字眼

在交流中，我们经常会遇到一些理解困难的字眼，含糊不清，不知道想表达什么意思。比如：

顾客点好餐之后，却迟迟不见自己点的酱香排骨端上桌来。眼看其他的菜都吃完了，这名顾客只好又喊来一名服务员，催促道："什么时候上菜？"

服务员还是那一句"马上"，真的是马上吗？每次催促，服务员都是一句"马上"的模糊语言应对。同样，在进行网络客服和电话客服的过程中，也不能使用模糊的词语，要让顾客清楚理解你所表达的意思。

2. 恰当的措辞，改变你的人生

客服人员在接待服务中，开口运用"尊称+敬语+礼貌用语"三法则，以赢得顾客的心。这里的尊称就是敬称，是对顾客表示尊敬的称呼；敬语就是指对顾客表示尊敬的语言手段；礼貌用语是指在语言交流中使用具有尊重与友好的词语。

(1) 称呼礼仪

人与人打交道时，免不了要使用称呼。所谓称呼，就是在日常交往应酬中，人们彼此之间所使用的称谓语。客服人员需要注意的是，在与顾客交流中，选择正确、适当的称呼，不仅反映着自身的教养，还体现对顾客的一种尊重。

从某种意义上讲，当一个人称呼另外一个人时，意味着自己主动地对彼此之间的关系进行定位。不使用称呼，或者使用称呼不当，都是一种失礼的行为。

常见的服务业人士对顾客的得体称呼：

第一，姓名+职位。

第二，姓名+先生/女士。

而顾客称呼服务行业的人士，一般有以下两种方式：

一是称呼对方为女士、先生。倘若了解对方的姓氏，有时亦可一并相称。

二是称呼对方为服务生。此种称呼，在餐馆、饭店、歌厅、商店大都可以使用。

网络客服对顾客的称呼有所不同。随着网络文化的兴起，称呼顾客为"亲"，使客服人员说起来没有生疏感，是网络的专用语言。"亲，亲们"，在不知道对方的称呼时就用这个，感觉会很亲切。"某亲"是在知道对方的昵称时用的一种称呼手法，同样会很亲切。

（2）注意敬语的用法

客服人员在工作中使用语言时，既要重视"说什么"，又要重视"如何说"。也就是说，语言包括具体内容与表达方式两方面的问题，均应为客服人员所关注。

语言是交流的载体。在语言的运用过程中，用语是否准确恰当，直接影响着交谈能否顺利进行。客服人员应尽量做到说话让人一听便懂。如果在说话时过于雕琢，甚至咬文嚼字、矫揉造作，满嘴的专业术语和子曰诗云，只会让人闻之生厌，不知所云。

在日常交谈中，要把话说得通俗易懂，但是不能不讲用语的文明礼貌。在交谈中，要善于使用一些约定俗成的敬语，如"您"的用法："您慢走。""您还有什么吩咐？"

语气是人们讲话时的口气。它直接表现着讲话者的心态，是语言的有机组成部分之一。电话客服人员务必要注意自己的语气，要对待顾客热情、亲切、和蔼、友善、耐心。在任何情况下，语气急躁、生硬、狂妄、嘲讽、轻慢，都不可取。

（3）礼貌用语的用法

不管是线上还是线下的客服人员，要注意在工作中多使用礼貌用语，以博得顾客的好感与体谅。因此，在与顾客沟通过程中，应让礼貌用语贯穿在你的说话过程中。

线下客服人员工作在一线服务岗位上，用礼貌语言接待顾客，介绍服务项目，解答询问，不仅有助于提高服务质量，而且有助于扩大语言的交际功能。所以客服人员必须讲究礼貌语言，做到态度从容、言辞委婉、语气柔和。

语言礼貌，是线上线下客服人员所应具备的基本礼仪修养。具体而言，它要求客服人员在日常性交谈中主动使用约定俗成的礼貌用语，以示对顾客的尊重友好之意。一般而言，客服人员所使用的基本礼貌用语主要有如下五种：

问候语：问候语的代表性用语是"您好"。不论是接待来宾、路遇他人、网店顾客的咨询，还是接听电话，客服人员均应主动问候他人。否则便会显得傲慢无礼，目中无人。

请托语：请托语的代表性用语是"请"。托付他人代劳、请求他人帮助，或者恳求他人协助时，客服人员照例应当使用这一专用语。缺少了它，便会给人以命令之感，使人难以接受。

感谢语：感谢语的代表性用语是"谢谢"。使用感谢语，意在向对方表达本人的感激之意。顾客下单、获得帮助、得到支持、赢得理解、感到善意，或者婉拒他人时，客服人员均应使用此语向对方主动致谢。

道歉语：道歉语的代表性用语是"抱歉"或"对不起"。在工作中，由于某种原因而带给他人不便，或妨碍、打扰对方，以及未能充分满足对方的需求时，客服人员均应及时运用此语向对方表达自己由衷的歉意，以求得到对方的谅解。

道别语：道别语的代表性用语是"再见"。客服人员与他人告别时，主动运用此语，既是一种交际惯例，也是对他人尊重与惜别之意的一种常规性表示。即使不是面对面的沟通，也要注意使用道别语，这是对人的一种尊重。

在工作中，客服人员使用礼貌用语讲究"四有四避"。四有即有分寸、有礼节、有教养、有学识；四避要避隐私、避浅薄、避粗鄙、避忌讳。

首先，看什么是四有呢？

第一，有分寸。这是语言得体、有礼貌的首要要求。要做到语言有分寸，必须配合非语言因素。要了解对方的背景、明确交际的目的、选择好交际的方式，同时，注意言辞行动要恰当。当然，分寸也包括具体的言辞的分寸。

第二，有礼节。语言的礼节就是寒暄。在人际交往中，有五个最常见的礼节语言，分别是问候、致谢、致歉、告别、回敬。问候是"您好"；告别是"再见"；致谢是"谢谢"；致歉是"对不起"；回敬是对致谢、致歉的回答，如"没关系"、"不要紧"、"不碍事"之类。

第三，有教养。有教养的表现为说话有分寸、讲礼节，内容富有学识，词语雅致。有教养的人往往尊重和谅解别人，在别人有了缺点时，会委婉而善意地指出。

第四，有学识。当前是一个重视知识、尊重人才的社会，富有学识的人会受到社会和他人的敬重，而不学无术的浅鄙小人只会受到社会和他人的鄙视。

其次，再看什么是四避？

第一，避隐私。隐私就是不可公开或不必公开的情况，像缺陷、秘密等。隐私除少数人知道外，不必让一般人知道。因此，在交际中，要避谈避问隐私，这是有礼貌的重要方面。

第二，避浅薄。浅薄就是不懂装懂，"教诲别人"、讲外行话，或者词不达意，言不及知识。言辞单调，词汇贫乏，语句不通，白字常吐。与浅薄者谈话，令人感到不快。

第三，避粗鄙。粗鄙指言语粗野、污秽，或者满口粗话、丑话、脏话，不堪入耳。言语粗鄙是最无礼貌的语言。

第四，避忌讳。忌讳是人类视为禁忌的现象、事物和行为。社会通用的避讳语也是一种重要的礼貌语言，它往往顾念对方的感情，避免触忌犯讳。比如关于"死"的避讳语很多，与"死"有关的事物也要避讳。如"棺材"说成"寿器"，对各种有严重生理缺陷者通称为"残疾人"等。

3. 想要打动人心，必须会讲故事

为什么会讲故事对一个人的口才非常重要？这是因为从生理上来讲，人的大脑分为左脑与右脑。左脑是理性的、严谨的；而右脑是感性的、活跃的。左脑倾向于分析总结和推理，而右脑富于想象，乐于接收趣味性的东西。客服人员在说话时，如果理论的东西过多地灌输、反复地强调，会让顾客产生逆反心理。而故事则不同，由于其是右脑的产物，具有生动性和趣味性，所以在传播的时候，很容易就能被顾客接受并留下深刻的记忆。

用故事来阐述自己的观点、推销自己的观点，是一种非常有效，也非常受人欢迎的方式。因为没人喜欢说教，也没人喜欢被教训，但人们却喜欢听故事。要想打动人心，必须会讲故事。

我们如何才能够把故事讲得既动听，又达到自己的目的呢？斯蒂芬·丹宁在《松鼠公司》一书中，提出了讲故事应遵循的九个步骤。

第一，明确自己想要传递的信息，这是故事的中心思想；

第二，找个恰当的例子支持你的观点；

第三，注重讲故事的角度，尽量使听众产生认同感；

第四，指出故事发生的时间和地点，增强故事的真实性；

第五，对故事进行适当加工，使之更好地表达中心思想；

第六，要使听众明白：违反故事中心思想的后果是可悲的；

第七，去掉与中心思想关系不大的烦琐细节；

第八，确保故事有个真实可信的结局；

第九，篇末点题，把故事的中心思想揭示出来。

作为客服人员，要想提高你的口才水平，不妨学学怎样讲故事才能打动人心的技巧。

自己的故事或自己身边的故事也有很大的说服力。我们都有这样的经验，对别人讲自己的事情特别是具体的事情往往有很大的兴趣。听的时候，如果说话者说出了自己对某件事的认识，接着用自己亲身经历的故事加以佐证和说明的时候，是我们注意力最集中，头脑思考最激烈的时候。说话者要把握听众的这种心理，在说话的过程中用一些自己的故事，会使对方更加信服。

加入故事，除了能够吸引听众的注意力之外，还能使自己说的话生动形象，让听众更容易理解自己的观点。这就是把观点落到实处的最好办法。找到能够说明自己观点的故事，生动形象地讲给顾客听，让他们从故事中得到启示。而后说出自己的观点就顺理成章了，更容易被人们接受。上述案例不仅说明故事能吸引听众的注意，也能证明故事能够让听众轻松地理解自己的观点。

会讲故事也是一种了不起的才能。同样一个故事，有的人讲起来绘声绘色，让人有身临其境的感觉，不自觉地投入其中，心情跟着讲故事的人起伏变化。而有的人讲起来索然无味，不一会就讲完了，丝毫提不起别人的兴趣来。这就说明前者会讲故事，后者只是在陈述一个事情，两者有天壤之别。

那么，如果你作为客服人员，故事究竟应该怎么讲呢？

（1）讲故事要重现场景

也就是说要把故事发生时现场的状况细致地描绘出来。要做到这一点，就要使表达具体化，描述细节化。要把故事发生的时间、地点、人物、现场气氛细致地描述出来。最重要的是人物，把人物的身份交代清楚，人物的表情变化也要仔细描绘。特别是人物的语言，要生动形象地再现故事中的人物说了什么话，采用了什么语气语调，总之就是力求与故事中人物的言行达到一致。

讲故事要清楚。每个故事都应该包含时间、地点、人物、事件、事情的原因、经过、结果。讲故事的时候这些要素一个都不能漏掉，这样才算是表达清楚。同时，讲故事的时候要思路清晰，先讲什么后讲什么要设计清楚。不能前一段没讲完就讲后一段，后一段讲完了发现前一段没讲完再补上，这样容易给听众造成混乱的感觉。听众听得仔细还能把前后连上，听得不仔细一下子就懵了，不知道说话者在说什么，接不上就干脆不听了。这时候就失去了讲故事的意义了。

（2）讲故事的语言有讲究

不能使用模糊的概念。比如"可能""大概""也许""估计"。"好像"等表示不确定的词语最好不要用。这些词语给人以模糊的感觉，显得故事不够真实，没有足够的说服力。相比之下，直接用确定性的词语，"是什么""是多少"等，给人非常准确的感觉，故事的真实性大大增强，也就更有说服力了。

在描述事实的时候，最好不要使用解释性的语言，尽量使用描述性的语言。解释性的语言中包含着因果关系，容易发散听众的注意力。比如说，告诉听众楼高得让人害怕的事实，如果说"因为楼有30多层，所以我站在楼顶上腿发抖"，可能会让有的听众的思维走岔路，纠结于这种因果关系中而产生很多联想，没法跟上说话者讲故事的节奏，错过部分情节。如果说"我站在30多层的楼顶上，双腿发抖"就十分明确了，听众的思维不会出现分叉，能紧紧地跟上故事的节奏，不会漏掉任何内容。

(3) 讲故事少用抽象的语言

像"优秀""良好"等，这些词只能表示出某种抽象的状态，给人一种大概印象。这样讲出来的故事是没有冲击力的。比如说，某某同学学习成绩很优秀。听众会认为，这个同学学习成绩不错。至于优秀到什么程度他们就不知道了，也无须思考，反正就是不差。但如果说某某同学学习成绩很好，考试不是第一就是第二。这就给了听众一个很明确的答案，听众一下就知道这位同学有多么的优秀，心里不由地产生赞叹之情。这样的描述产生了巨大的冲击力，能够给听众留下非常深刻的印象。所以语言的运用一定要具体明确，不要用那种模棱两可，只给人粗略印象的抽象词。

故事中如果有人物的语言，一定要用他的语言来表达他的态度，他的特征。只有这样才会活灵活现地将他展现在听众的面前，也才能吸引听众的注意力。最好不要用自己的语言来转述，如果转述，故事的精彩性、生动性、真实性会大大减弱。

(4) 讲故事时，第一句话非常重要

有小说家说，一部小说的第一句话非常关键，如果头开好了，下面的写作就会顺畅。小说家最会讲故事了，他们总结的经验可谓金玉良言。我们客服人员讲故事也要十分重视第一句话的推敲。第一句话讲好了，后面的故事就会流畅自然，吸引听众。

(5) 讲得流畅自然

注意不要用谦虚的开场白，像"有这样一个故事，我可能讲得不太好，请大家多多包涵"这样的话一定不要说。这会打击听众的信心，认为你讲故事讲的真不好，从故事中听不出什么东西。一定要开门见山，直接切入故事，让听众从你的第一句话开始就进入故事的情境中，勾起听众的注意力，引起他们对故事的期待。第一句话的语音、语速、语调也是非常关键的。如果第一句话较为有力，那么首先会对听众产生吸引力。所以，在讲故事前，要稳住自己的心神，然后再开始。不要心里还慌慌张张嘴里就开始讲故事了。

（6）讲故事时要运用吸引听众的一些小技巧

在描述一件事情或心理的效果时，尽量使用事实来侧面反衬，这样给听众的印象是生动的、形象的、记忆深刻的。比如说害怕，说事后发现衣服湿透了，则更加逼真。如果想表达一种戏剧性的效果，就应该使用原因倒置技巧，原因倒置往往使听众恍然大悟，也可能心理期待骤然落空。这时笑声自然也就出来了。

总之，讲故事也是一门学问。故事不是讲给自己听，而是讲给别人听。要让别人听得明白，听得有趣，听得入神，就必须合理地运用讲故事的技巧。

4. 玩转幽默，从此不再尴尬

萧伯纳说过，没有幽默的语言是一篇公文，没有幽默感的人是一尊塑像，没有幽默感的家族是一间旅店。在生活和工作中，不能缺乏幽默。幽默能带给大家快乐，风趣幽默的人总是充满了魅力。

在客服工作中，幽默是调节气氛的润滑剂，拉近客服人员与顾客之间的距离，让彼此陌生的心灵变得熟悉。对于网络客服来说，幽默也是一种很好的沟通工具。即使双方互不见面，通过幽默的语言，也能拉近彼此的距离。幽默往往是化解客服难题的灵丹妙药，轻松幽默的语言可以活跃气氛，既放松了自己，又能让对方感到愉悦。玩转幽默，从此不再尴尬。

有一次，某机械公司的客服经理王明接待了一群客户。当时，王经理正在发表着自己的言论，介绍自己产品的优势，想说服对方购买自己企业的产品。其他人员正在聚精会神地听他讲话。

忽然"咔嚓"一声，有个人的椅子忽然断裂了，他也跟着狼狈地摔倒在地。面对这样尴尬的情况，王经理有些始料未及，而在场的所有人注意力也因此分散了。幸亏王经理急中生智，高声说道："诸位，你们看到了吧？我刚才所陈述的理由足可压倒一切！"此言一出，立刻赢得了所有在场人员的热烈掌声。

本来很尴尬的场面，王经理用幽默轻松有趣地化解了这个局面。

有人曾将幽默比作永不凋零的智慧之花。幽默之人不但能轻而易举地摆脱面临的困境，很好地保护自己，而且还能够塑造和完善自我，让自己说出的每句话都焕发出无穷的韵味和魅力。而不懂幽默、言语木讷之人，就显得迂腐无聊、毫无情趣，别人对他的印象也一定不会太深刻。

幽默是一个人聪明和智慧的体现,幽默的语言会使谈话变得多彩有趣,而且还可以增进人与人之间的感情。当别人笑的时候,你就更容易输入信息到他头脑里。

(1) 讲故事、说笑话培养你的幽默感

有一家公司的客服经理接待一位顾客。顾客对于投诉的处理方式非常满意。他认为他们一定有一个好的领导,于是问这位客服经理:"你是一位很有魄力的领导吗?"

"那当然,我在公司里是头儿,在家里也是头儿。"

听了这话,顾客问:"那你太太呢?"

这时,这位经理幽默地回答:"她是脖子,头想往哪儿转,都得听脖子的。"

这话一说完,这位经理和顾客都笑了起来,彼此之间的陌生感也立即消失得无影无踪。你看,客服经理一句幽默的话,就轻而易举地拉近了双方的距离,并展示出了极深的修养和内涵。

作为线上线下的客服人员,要培养你的幽默感,要培养讲故事、说笑话的能力,可以从三个方面着手。

首先,做收集故事的有心人。

有的客服人员认为,幽默是天生的,是一种性格。其实不然,幽默不是与生俱来的,而是后天培养的。幽默的源泉来自于生活当中的观察和积累。客服人员要想玩转幽默,需要平时多收集一些小故事。现在媒体十分便利,从报纸、杂志、图书、网络、电视上,每天都可以接触到很多小故事、小幽默,觉得好的,就记录下来。在工作中,就可以实行"拿来主义",直接用上。这些小故事,犹如做饭用的米,做饭就如同幽默,有了

积累，才不至于关键时刻"巧妇难为无米之炊"了。

其次，讲故事，说笑话要有章可循。

有的客服人员天生缺乏幽默感，不会讲故事，也不会说笑话，怎么办？按照下面的方法去做，你一定可以在与顾客的谈话中，讲上一两段小故事。

第一步，充分思考，从大脑中调出适合与顾客交谈的素材。选定材料后，迅速组织语言。

第二步，充分调动自己的情绪，让自己先融于所要讲的故事当中。先感染自己，才能够感染别人。

第三步，要有一个精彩的开场白，能够提起顾客的兴趣，让顾客有继续听下去的欲望。

第四步，语言流畅，条理清晰，内容精练，切忌唠唠叨叨。

第五步，客服人员在讲的时候，要适当运用一些肢体语言和眼神与顾客沟通。

第六步，可以适当地停顿，加上惊讶、感叹、疑问等语气。

第七步，结尾时，把你讲的最有价值的部分强调出来，让顾客增加印象。

通过上面的七步练习法，多实践，多练习，创造机会给顾客说笑话、讲故事，提高自己的说话水平。

最后，讲故事、说笑话的训练方式。

可以通过有效地积累故事、笑话的四种方式来实现。

第一，多看名人幽默故事。第二，和身边的人适度地开玩笑。第三，试着说些俏皮话、歇后语。第四，保持乐观主动的心态很重要。

（2）讲故事、说笑话的技巧

客服人员如何提高讲故事、说笑话的技巧？其实很简单，汉语文化博大精深，蕴含着丰富的幽默技巧。

第一，巧用歇后语。

在与顾客交谈的时候，客服人员可以运用歇后语，活跃现场气氛。比如，表示莫名其妙，可以说"丈二和尚——摸不着头脑"。

第二，巧用比喻。

客服人员如果巧用一些比喻，能使语言生动、活泼，达到较好的交流效果。比如形容一个客服人员工作不努力，就像小和尚撞钟一样，得过且过。

第三，巧用错别字。

有时候，在做生意时，故意把某个字写错，产生幽默的效果。一个商店门口写了"面包另售"四个字，一个顾客看了，说："零售的'零'写错了，写了个别字。"

老板说："没错呀，别字旁边还有个立刀。"

（3）幽默也有雷区，搞笑要注意分寸

作为客服人员，仅仅掌握了幽默的技巧还不够，还需要注意幽默的雷区。

工作中不可缺乏幽默，但有一点值得我们重视，那就是不要让幽默失去原有的韵味和情致。有些话题可以采取轻松幽默的方式与对方交谈，但是你要注意：幽默也有雷区，搞笑也要注意分寸，不要让话题变得庸俗，甚至低俗，否则不但达不到幽默效果，反而不利于跟他人的交往。因此，

在运用幽默时，就要避免这些雷区：

第一，幽默也要注意场合、人物和时机。讲幽默话的时候，也要分场合和人物。比如，作为线上线下的客服人员，当你跟顾客在一起或通过互联网交流的时候，你应该先对顾客的性格观察或者了解一下。有些人可能不喜欢你拿他开玩笑；有些人性格爽朗，你即使开他玩笑也没关系。因此，幽默也要视场合和人物而定。

第二，不要揭他人的"伤疤"。当你在讲一些幽默的故事时，不要将自己的快乐建立在别人的痛苦上。也就是说，千万不要揭别人的"伤疤"，不能侮辱他人的人格和尊严，要在尊重别人的基础上开玩笑。

揭人之短，最是遭人忌讳。有句谚语说"当着矮人不说矬话"，还说"打人不打脸"，说的就是这个道理。说话之前最好是先观察或了解一下有没有遭对方忌讳的人和事，不然的话，只会使彼此都感到难堪，这也是双方都不愿意看到的结果。

第三，切勿以幽默进行人身攻击。所谓"幽默"其实就是开玩笑，但是在工作场合中，并不是任何事都可以开玩笑。比如你在运用幽默的形式说话时，一定不要对别人进行人身攻击。有些人并不了解幽默艺术，但是还喜欢开玩笑，就是因为他没有注意到这一点，常常使得对方陷于尴尬的境地。

我们都知道，在说话的时候，应该讲究艺术。同样的道理，在幽默的时候，也应该要求有一定的艺术性。

有一个很出名的作家，来到了一家书店进行参观。书店的客服经理感到不胜之喜，于是就急忙将其他的书都下架了，而只保留下作家的书。作家看到后非常高兴，就问这位经理："贵店难道只卖我的书吗？"

"当然不是。"经理原本是想赞美他的作品非常出色的，但是他还想用幽默的形式表达出来，于是就回答道："其他的书都非常畅销，已经卖完了，所以只剩下您的作品了。"

言者无意，听者有心，作家听了他的话以后就很生气地离开了。而书店的这位客服经理也是丈二和尚摸不着头脑，不知道自己究竟说错了什么。

这位经理原本是要奉承他的，但是这句话谁听了都会以为是在侮辱他，是在说那位作家的书销量很差，卖不出。试想谁会喜欢听到这样讽刺的话呢？因此，在你说一些幽默话之前，必须先考虑清楚自己要说的内容会不会伤害到别人，否则的话只能会弄巧成拙。

第四，不要将幽默变成了庸俗。如今有很多人都将庸俗的笑话当成是一种幽默，然而，这两者是有本质上的不同的，我们决不能将两者混为一谈。

什么是幽默？幽默是人在经历了一些人或一些事以后，对社会、人生、哲理的一种思考和观点；而庸俗的笑话，是肤浅的、低级的，只能一笑而过罢了。

幽默跟滑稽也不尽相同。滑稽是庸俗的、肤浅的，幽默却是一种高雅的艺术，让人觉得意味隽永；前者大多是凭借着激烈的强辩，而后者则需要丰富的学识和聪颖的悟性；滑稽的说话，能令人马上就开口大笑，但只是一笑而过罢了，幽默能让人笑后再回味起来，回味无穷……

幽默既是一种特殊的文化，也是一种为人处世的技巧。

某五星级酒店里，一个服务生急匆匆跑来，在拐角处一不小心与一位女顾客撞了个满怀。女顾客感觉有些尴尬，就随口说了一句："什么德行。"服务生呵呵一笑："不好意思，这不是德行，而是惯性！"一句幽默的话，使得紧绷尴尬的气氛一下子消除了，彼此之间的关系也立刻融洽了起来。

我们都喜欢喜剧、喜欢幽默，并且能在适当的幽默中寻找到共鸣。就像海恩雷曼麦所说的："通过幽默的方式表达出严肃的真理，比直截了当地讲出来，更加容易令人接受。"

只有生动形象、富于机智和风趣的语言，才能给人带来强大的感染力，千万不可将幽默和庸俗混为一谈。

5. 不要"审问"顾客

客服人员想了解顾客，发问是进行测试的重要手段。通过发问，可以发现顾客的动机，了解顾客的需求。同时，通过一些封闭式的发问，可以诱导顾客做出决策。比如某咖啡店服务员选择封闭式发问："您喜欢拿铁咖啡，还是原味的？"或者在网络上选择衣物时，客服人员询问顾客："大一码的，还是小一码的？"

发问的目的是想让顾客打开话匣子，以利于双方的沟通。巧妙提问，也能达到成交的目的。但是没有人喜欢被咄咄逼人地审问。

发问时要注意：刚开始不要对顾客提出太多问题。既不能表现出你很冷淡，让顾客感觉你不想了解更多的情况；也不能表现得对顾客的私事很感兴趣。一个问题最多问一次，切记不要追问不休。还有，提问不要用审问式的语气，要语气平缓，不正面否定顾客的意见和看法。

一家机械设备厂的客服人员，他的工作业绩非常优秀，他是怎么做到的呢？用他自己的话说，他善于提问，让顾客在回答问题的过程中，对产品产生认同。他经常一开始就对顾客进行提问，并且贯彻服务的整个过程。这是他经常使用的提问方式：

"您好，听说贵公司打算购进一批机械设备，能否说明一下，您心目中的产品需要具备哪些特征？"

"我很想知道，贵公司在选择合作厂商时，主要考虑哪些因素？"

"我们非常希望与贵公司长期合作，不知道您对我们公司的产品印象如何呢？"

"您是否可以谈一下以前购买的机械设备有哪些不足之处？"

"您认为造成这个问题的原因是什么呢?"

"如果我们的产品能够达到贵公司的要求,并且有助于贵公司生产效率大大提高,您是否有兴趣了解一下这些产品的具体情况呢?"

"您可能对运输存在疑虑,这个问题您不用担心,只要签好单,一个礼拜我们会送货上门。现在我想知道,您什么时候签单呢?"

我们看到这个客服人员之所以取得如此大的成功,是因为他经常询问一些开放型的话题。

"您通常是如何应付这些问题的呢?"

"我们怎么做,才能满足您的要求?"

"为什么您觉得这个问题严重?"

"您为什么对这个产品情有独钟?"

"您遇到了什么麻烦了吗?"

"您对我们有什么建议?"

开放式提问是在一个广泛的领域内,引出顾客不唯一答案的提问方式。这类提问最大的特点就是,通常不能以"是"或者"否"等简单的字句答复。由于开放式提问不限定答复的范围,所以答复者可以天南海北地畅所欲言,提问者也可以通过这些回答,收集到更多更广的信息。

精妙的提问不仅能够获得你所需要的信息,而且能促进双向的沟通。所以,客服人员应该不失时机地向顾客提出一些问题,以探听虚实,获取信息。

销售离不开提问,一问一答才构成了主要部分,也是推动双方积极探讨问题的钥匙。为了让提问恰如其分,遵循一定的原则不可或缺。

一、不能提出有敌意的问题,除非你想与对方断交或故意伤害对方。

二、不要指责对方的合作诚意。因为你的指责对最终结果没有任何好处，反而会使双方陷入尴尬的境地。

三、提问时不能带有命令的语气。客服双方是平等的关系，而不是上下级，你无权让对方无条件地服从自己。

四、不要提出一些与合作无益处的话题。

五、在听对方讲话时，要尊重对方，不要随便打断对方。在对方说完后，再发表自己的观点不迟。

六、用词要恰当、委婉，而避免生硬、带有情绪化的词语。

一次发问能够得到完美的答复，很大程度上，在于你怎么问。

第一，问什么和如何问，既包含问的目的，也包含问的方式。

如果想知道对方的信息，可以采取开放式发问的方式，这样的答案不是唯一的，你可以在对方的话里听出更多的信息。如果你想获得特定的确切的回答，可以采取封闭式的发问，比如："你去还是不去？"答案只有是和否。如果要想达到劝说对方的目的，可以采取效益附加式问话，先陈述产品的特征，然后分析对方可以获得的利益，最后再加上开放式或封闭式的发问。

开放式发问是将回答的主动权让给对方的一种发问方式。这一类型的问法，可以引起对方思考后再来回答，通过对方的回答，发现我们需要的信息。

封闭式发问是需要对方给出固定答案的发问方式。这种类型的发问可以使发问者得到确定的答案。

效益附加式发问最好是一个效益一个问句，因为从人的记忆的生理角度来看，一个问句超过一个效益，容易使人记不住。

第二，怎样问，也就是有效发问的模式是怎样的。

交际学家的分析发现，几乎人们所有的发问，都可以转化为一种模式。即先将疑问的内容用陈述的语气表述出来，然后在陈述句的后面附加一个疑问句的后缀，再配合一个赞许的微笑，这样的发问最有效。

第三，何时问。

何时问一般需要掌握四个时间段：在对方发言完毕后；在对方发言停顿、间隙时；在自己发言前后；在规定的时间内。

在自己发言前问，不是让对方回答，而是自问自答。目的是引起对方的注意。比如："你刚才说的话说明什么问题呢？我的理解是……"

在自己发言后问，目的是在充分地表达了自己的观点后，继续沿着自己的思路向前发展。比如："我们的看法就是这样子了，对此，你有什么看法？"

第四，问多少。

一次成功的对话，往往与你问多少有很大关系。理想的问句与陈述句的比例是80∶20。20%的问句+80%的陈述=20%的合作成功；50%的问句+50%的陈述=50%的合作成功；80%的问句+20%的陈述=80%的合作成功。

发问的注意事项有：

第一，有可能的话，提前准备好问题，因为临时想出来的问题，往往不是最好的问题。即使当场想出来的问题，也要仔细考虑一下，如果没有考虑好的问题，最好不要提问。

第二，切忌提出无效的问题。比如，客服人员问："您对此次合作有没有诚意？"再如："我司的态度你明白了吗？"提问的两大目的是获取信息和澄清事实，而这两类提问，从根本上违背了提问的目的。

第三，把握好提问的时机。再好的问题，如果问的时机不对，也不是一个好问题。

第四，要敢于提问。敢于提出一些很笨的问题，这样不会让你丢面子，反而会鼓励对方给你一个好的答案；要有勇气提出对方回避的问题，如果对方的回答不完整或故意转移话题，你要有耐心和毅力继续追问。

第五，提问后，应该保持沉默，等待对方的回答。如果对方对你的问题拒绝答复，你就要对合作中的这个僵局负责。千万不要在对方没有回答之前，又提出第二个问题，或者说出自己的见解。

第六，可以提出一些你知道答案的问题，这将会让你了解对方的诚实程度，也可以对某些问题的答案再次确定。对于一些重大的问题，这种重复绝对不是多余，因为这样可以防止以后不必要的麻烦。

第七，可以用各种方法提同一个问题。如果顾客前后回答不一，表明顾客没有对这个问题进行深入思考，只是临时给了个答复而已。但是高明的客服人员，可以从顾客的回答中，找出破绽，发现顾客的真正意图。

第八，可以突然发问涉及对方要害的问题。让对方猝不及防，无意间吐露真情。这种提问方法不够礼貌，不宜多用。

第九，要注意不要提及那些指责对方的问题，怀有敌意的问题，或者单纯显示你聪明的问题。

6. 拒绝性语言要不得

当顾客有特别要求时，全力满足说"yes"。记住不管是线上还是线下的客服工作，从说"yes"开始。

顾客有特别要求时，你处理不好，他就会觉得你服务不好。此时你要抓住机会，马上答应他。大部分情况下，只要你答应他了，他就会满意得不得了。

事实上，大部分顾客不会提出无理的、夸张的、不合情的、不合法的要求。所以只要顾客有特殊要求，你尽管放心对顾客说"yes"。记得我刚才讲过的话吗，顾客服务从说"yes"开始。具体应该怎么做呢？

第一，全力满足。

第二，把它当大事看待。

对于顾客提出的特别要求，你不但要答应他，还要超额付出。在这里教你两个必杀问句："先生，我答应您的要求了，做好了，您额外还有什么要求吗？""这位女士，我答应您要求了，还有什么额外的要求，我需要做什么吗？"

举例来说，某五星饭店硬件设施相对来说很差，可是为什么他们生意很好？因为他们的服务好。为什么他们能把服务做得这么好呢？因为老板教育全公司的员工，让他们对顾客的要求一律说"yes"，不准对顾客说"no"。顾客要你倒茶、换床单、洗衣服、擦鞋、延迟退房……你统统要说"yes"。这样的酒店服务，你觉得好不好？当然是非常好。如果你是服务员，你能做到这样吗？

很多人会说，我办不到。万一顾客有不合理、不合情、不合法的要求，怎么办？公司老板规定不准说"no"，就是不准说"no"。如果顾客真有不合理的要求，你在要说"no"之前，请示老板。只有上级批准了，你才能说"no"。

现在，你知道为什么很多行业服务不好了吗？他们把它颠倒过来了。一般的服务行业都是尽量对顾客说"no"。顾客一有什么要求，他们就会说："我没有权利，我要请示老板。"等到老板答应了，服务员才敢答应顾客的要求，才敢对顾客说"yes"。尽管最后顾客的要求能得到满足，可是你延迟了服务他的时间，导致顾客不满意。

然而，这家饭店就不是这样的。它的员工都有权力对顾客说"yes"。除非是不合理的要求，他们才会请示上级。并且要得到上级的批准，员工才可以对顾客说"no"。这种全力对顾客说"yes"的服务，让这家饭店的顾客的感受非常好。这种什么要求都能满足顾客的服务，不就是一流的酒店能带给顾客的吗？所以，顾客有特别要求时，全力满足说"yes"。

当然，不说拒绝性语言，不代表没有原则。特别是对于网络客服来说。

网络客服与顾客沟通的过程，其实就是顾客了解其产品的过程。需要客服人员能够从容地回答顾客的各种疑问。而客服工作面临的最大难题是顾客讨价还价的问题，是不是也不能说拒绝的话呢？

当然不是。对于很多买家而言，在购物中讨价还价已经成为习惯，不管是在网上还是实体店，道理都是一样。客服需要明白讨价还价的买家类型，通常有：

第一，爱贪便宜的顾客。他们并非买不起，而是习惯了讨价还价；

第二，心理需要慰藉的顾客。他们想通过讨价还价来满足自己内心的成就感。

对于以上这两类顾客，客服人员首先需要声明自己的产品是优质的，销售价格已经最低，价格不能再降，这是原则。通常做到这一步，顾客就不会在价格上跟你纠缠了。

这时候，如果顾客表现出犹豫不决，那么可以转移顾客的注意力，告诉对方当下店铺有哪些优惠活动，或在运费上给予对方一些优惠等，以达成交易。

由此可见，不说拒绝的话，是在坚持原则基础上的一种让步策略，目的是为了更加顺利地成交。

7. "明哲保身"，却难独善其身

某顾客在一家商场买了一台冰箱，可是这台冰箱自从买回去之后，就没有正常工作。不仅如此，还有异常的轰鸣声，到最后的时候，冰箱底部竟然还有火花冒出。

顾客拨打了商场的客服电话，可是处理的结果不能让顾客满意。无奈之下，顾客直接雇了一辆车，把这台有故障的冰箱拉到了商场的客服部。

这个厂家的冰箱客服人员在听了顾客的一番牢骚之后，说："对不起，我谨代表公司向您道歉……"

客服人员说这话的意思，无疑是说产品质量出了问题，是公司的责任，而与自己无关。客服人员这种明哲保身的态度，其实是不负责任的。自然，还没等客服小姐说完，这位顾客就发火了："代表公司道歉？你公司在哪里，这样的公司，为什么还不倒闭……"

最终顾客的激动引来了一圈看客，其中还有几位准备买冰箱的，头也不回地走了。

为什么这位顾客在听到客服人员的道歉之后，不仅没有消火，反而情绪更加激动了呢？其实这里面是有原因的。我们不妨来分析一下：

第一，客服人员把顾客置于对立面。为什么这么说呢？顾客原本就有情绪，他现在并不希望听到"公司""老板""我们"等字眼，毕竟这些字眼都有很明显的心理界限，把自己和顾客放在两个对立的层面来考虑。更何况，这个客服人员说得还相当的"文绉绉"，有一种"应付"的感觉。顾客在听到这种道歉的时候，心理会更加不好受了。

第二，对不起是一种负面的习惯用语。很多厂商在售后服务过程中，很多客服人员都以"对不起"作为开场，却很少考虑"对不起"背后的含义。其实说"对不起"，不仅表明自己的心虚、内疚，甚至还会给顾客造成一种"明知产品有质量问题，还故意出售"的心理导向。因此，客服人员在与顾客对话的过程中，一旦对顾客说出"对不起"这三个字，无形之中就矮了顾客一截。那么双方在接下来的交涉过程中，客服人员就很难再次赢回平等的交谈立场，也就很难与顾客进行沟通。并且，顾客一般在听到"对不起"三个字的时候，同样会暴跳如雷，而不是平息怒火。

第三，没有足够的诚意。顾客在听到"我谨代表公司向您道歉"的话语时，自然就会想：如果要你们负责，是不是会抬出诸如"公司规定""咨询公司""向总公司请示"等字句来敷衍自己呢？毕竟这种事情在售后服务过程中并不少见。顾客对此已经有了相当明显的反感情绪，而客服人员此说，无异于把自己往枪口上撞。

第四，顾客害怕出现"踢皮球"，不负责任的现象。随着客服人员"不好意思，我谨代表公司"的话语而来的，往往会是"不过，因为公司规定……所以不能按照您的要求处理"。这也就意味着客服人员本身害怕遇到麻烦，希望将责任转移到公司，从而以公司的名义尽快将顾客赶出商场。并且在顾客再次询问的时候，开始"踢皮球"，推掉责任。因此，面对客服人员不愿意负责时，顾客就会全副武装，准备与客服人员的不负责作战。

由此可见，在遇到顾客投诉的时候，不管是线上还是线下的客服人员，"我谨代表公司向您道歉"这句话是最糟糕的道歉方式。尽管给人一种非常慎重的感觉，但结果是不仅将公司拖下水，影响公司与产品的形象，还会扩大顾客与公司之间的矛盾。那么在遇到顾客投诉的时候，该如何说呢？

"不好意思，给您造成困扰，我向您道歉……"

这样的话则代表了客服人员个人的负责态度，可以有效地解决问题，平息顾客的怒气。为什么这么说呢？有两个方面的原因。

首先，客服人员在道歉之前，理解了顾客的抱怨。毕竟不合格产品给顾客造成了"困扰"是确实存在的，并不是顾客吹嘘或者污蔑的。所以，"给您造成困扰"本身就是一种迎合顾客心理的说法，能有效拉近商家和顾客之间的距离，而不是把两者放在两个对立面上。

其次，"我向您道歉"，而不是"代表公司向您道歉"，为什么说前者要优于后者呢？因为前者没有推脱责任之嫌，就等于给顾客吃了一颗定心丸。再退一步说，商家售出质量如此之差的商品，本身就是客服人员的责任。此时客服人员不道歉，说得过去吗？虽然这两句话之间并没有多少差别，但是在顾客听来，滋味却是完全不一样的。

当然，也可以这样说：

"给您添麻烦了，我向您道歉！"

"那太不好意思了，我现在给您道歉！"

"真是抱歉，给您带来这么多的麻烦，我向您道歉！"

在遇到顾客投诉的时候，如何说好第一句话直接关系到接下来的协调、解决问题顺利与否。作为商家，在出现售后服务问题时，第一句话不仅要获得顾客的认可，还要让顾客觉得商家肯定会负责到底，给他们吃一颗定心丸。这样顾客的情绪才能稳定下来，不给商家销售造成负面影响。

8. 应对抱怨，站在顾客角度思考问题

在客服工作中，客服人员经常会听到顾客各种各样抱怨的声音：可能抱怨你的产品体验不够好、服务态度差、售后维修不过关等等。抱怨似乎是司空见惯的一种现象。那么，如何有效地应对这些抱怨呢？

不管是线上还是线下的售后工作，客服人员都会听到顾客的不满甚至投诉。正确的处理流程是：安抚顾客情绪——查明原因——向顾客表明立场——全力解决——真诚道歉——感谢顾客的理解。

其中最重要的一点是要真诚的道歉（查明是我们的失误造成），这样顾客气就消了一半；接着向顾客表明自己的立场，一定要查实问题，给顾客一个满意的答复。站在顾客的角度思考问题，让顾客感受到客服人员的真诚。

事实上，这些人之所以对你产生抱怨，只有一个原因——他们渴望得到你的尊重！有些抱怨者尽管在气头上，但实际上他们所关心的，并不是怎样将问题得到解决，而是他们在享受这种抱怨的过程。倘若说得再确切一些，那就是他们希望找到被尊重的感觉而已。

尊重，永远是实现高效能沟通最有效的秘诀。对方对我们越是不满意、抱怨、发牢骚，我们越要做到尊重。这里的"尊重"，首先体现在我们应站在对方的角度去思考问题。

凡是从事服务工作的人，都常常为顾客的抱怨而苦恼不已。事实上，顾客对你心怀抱怨，不见得是一件坏事。这说明顾客跟你进行生意上的来往，而同时你也可以从顾客的抱怨中找到自己工作中的不足，提高产品和服务质量。从这个角度讲，顾客的抱怨不管是对你的公司的信誉和市场，

还是对你个人的事业，都将是一种动力和鞭策。

那么，假如你是一名客服人员，如果有顾客买了你的产品，而第二天就跑来向你抱怨、发牢骚，说对你的产品很不满意，要求你给他退货。那么在这个时候，你应该怎样去跟对方进行沟通呢？

当我们在面对气势汹汹的顾客时，最好的解决办法，就是既能委婉地拒绝对方的退货要求，又能挽回顾客对我们的信任。倘若你一听到顾客抱怨的声音，就立马跳出来维护自己的立场，甚至对其反唇相讥，这样不仅不能将双方的纠纷很好地解决，还会使双方的矛盾更加尖锐。而你，也会因此而彻底失去了顾客的信任。

我曾经在某公司担任过客服的工作，我在跟抱怨的顾客进行沟通时，一般采取这样的说话策略：

（1）有礼貌地倾听。不管顾客的抱怨是否有理，我要让自己先冷静下来，有礼貌地倾听顾客对产品的意见。记住，这是对顾客最起码的尊重，只有这样才能缓和对方的抱怨情绪，使得问题更好地解决。

（2）了解抱怨的原因。不管顾客对你是怎样的态度，你都要了解他究竟在抱怨什么。最直接的办法就是我上面所提到的——倾听。在倾听的过程中，你就可以根据顾客反馈来的信息进行甄别和筛选，分辨出哪些是真实的，哪些是虚构的。

（3）鼓励对方说下去。在顾客向你抱怨的过程中，你要用真诚的目光看着他，或者不时地点头会意，向他表示认同和理解，让顾客知道你在很认真地听他说话。如果你们之间是电话交流，你不能只是简单地说一句"我理解"、"我明白"、"我懂"之类的话，这样只会让对方更加恼火。应向顾客追问一些问题，跟对方进行互动，然后做出肯定对方的回答。

（4）积极为顾客解决问题。当你听完顾客的抱怨之后，就要尽自己的最大努力去解决他们的抱怨,千万不要以"我很忙"、"抱歉,这不在我的职责范围之内"之类的话对顾客敷衍塞责,而要让顾客感受到你的真诚。即使最终由于种种原因,使得问题没有得到最完满的解决,顾客也不会对你太过苛责。

在这个过程中,你可以将自己的处理方案告诉对方。如果是一些需要立刻解决的问题,那么你应该马上就行动起来,让顾客知道你对待问题的重视程度。而不要总说"我会妥善处理好的"这类的话,因为这样会让对方觉得你是在敷衍他。

(5)真诚地向顾客表示感谢。当你将顾客反馈来的问题处理完毕以后,你应该向自己的顾客真诚地说一声感谢,谢谢他对你工作的支持,这样有助于拉近你跟顾客之间的关系。倘若顾客对你产生了好感,那么他可能会推荐自己的家人或朋友来光顾你的生意。

9. 善于沟通，找到顾客感兴趣的话题

那些说话妙语连珠、幽默风趣、大方得体、观点独特的客服人员不仅备受同事的羡慕，顾客也会喜欢和这样的客服人员打交道。即使是网络客服，善于沟通的客服人员也总能吸引顾客的注意力。其实，这种说话功夫不是与生俱来的，而是经过勤奋刻苦的努力训练出来的。

一个理发师他只会干活，不会说话，口才不好。在给顾客理发时，不懂得与顾客进行交流。遇到一些刁难的客户，店老板只好出来帮他解围。

第一个顾客说："头发剪得太短了。"店老板说："头发短显得你精神、干练。"

第二个顾客说："头发留得太长了。"店老板说："头发长显得您含蓄，很适合您的身份。"

第三个顾客说："理发用的时间太长了。"店老板说："为'首脑'多花点时间是值得的。"

第四个顾客说："理发用的时间太短了。"店老板说："现在时间就是金钱，'顶上'功夫应该速战速决。"

不论顾客怎么挑剔，店老板总能说得顾客心里舒舒服服，高高兴兴。

在工作中，不管是线上还是线下的客服人员，每天都要跟陌生的顾客沟通。若要使双方谈话畅通无阻地进行下去，打破双方因陌生或者紧张而产生的心理隔阂，避免沉闷而尴尬的谈话气氛，选择话题是最关键的一步。在话题的选择上，你只要把握住一个原则就足够了，那便是发现对方感兴趣的话题。

一个善于沟通的客服人员，不仅要具备良好的口才修养和精湛的语言

技巧，还需要有敏锐的洞察力，需要非常细腻地观察和捕捉到顾客身上的每一个细节。

顾客在言行举止中所表现出的每一个细节，都有可能搭建起双方流畅沟通的桥梁。比如，对方身上所佩戴的异族风情的首饰；对方抽的香烟品牌；他的手机款式……如果以此作为谈话的切入点，容易引起对方的兴趣，逐渐使谈话的氛围越来越轻松明快，从而在无形中拉近彼此沟通的距离。

选择令对方感兴趣的话题，并且沿着兴趣一直谈下去，就可以轻而易举地打开对方的话匣子，彻底瓦解对方的心理警戒，最终使双方的谈话在轻松随意的气氛下畅通无阻地进行下去。可能在一些情况下，我们是在毫无准备之下接触到对方。我们对于一个完全陌生的人一无所知，一时也不可能发现他们的兴趣所在，那么在这时你不妨采取"投石问路"的策略。

所谓的"投石问路"策略，就是你尽量提出一些问题，让对方回答，鼓励对方多说话。当他在表达自己的观点的时候，就会在不经意间谈到自己的一些兴趣爱好。要知道，没有人会对一个虚心请教者说"NO"。只要对方愿意回答，不管他的回答究竟是对还是错，你只需认真地聆听即可。

即使你知道是错误的回答，也不要当着对方的面进行反驳，自己心知肚明就好。你要知道，你要的并不是满意的回答，而是在"顺藤摸瓜"，找到对方感兴趣的话题，然后逐渐将这个话题引入到你们的谈话中，从而使交流气氛越来越和谐融洽。

尽管这种策略有些"虚伪"，但对于一个内向怯生的陌生人而言，这种方法却可以在很大程度上树立他说话的自信，为双方的交流打下良好的话题基础。

10. 成功说服，让顾客赞同你的观点

每个人对问题的看法都会不同，这样就形成了自己的观点。要想意见一致，有两种方法：说服对方和强迫对方，这两种方法哪个好呢？我们看一个小故事。

北风和太阳打赌，谁要是能把行人的大衣脱掉，谁就算赢。打赌开始了，太阳躲进了云层，北风朝着行人呼啸而来，寒气刺骨。风越刮越大，行人的大衣越裹越紧。最后，北风只好放弃了。轮到太阳了，太阳从云层里冒出来，用它的光照耀着行人。行人越晒越热，最后不得不脱掉大衣，躲到树荫下乘凉去了。

显而易见，说服的威力要远远大于强迫的威力。说服别人，不是强词夺理，不是把自己的观点强加给别人。说服并不是天生的本事，说服别人同样具有技巧。说服别人，要如同润物细无声的春雨，将自己的观点传达给对方，潜移默化地改变别人的立场和观点。

作为线上线下的客服人员，在一些被动的局面下，你的说服能力越强，就越能让顾客同意你的观点。

说服没有绝对的公式。当你试图说服别人时，总会遇到种种有形或者无形的阻力。试图说服别人，改变别人的观点，就应该明确告诉对方说服他的理由和对方能够得到的好处，找到双方的共同点，缩短双方之间的距离，求同存异。从共同点入手，被说服者会产生共鸣，心理防线会被软化，说服者更容易攻心。说服的时机要选择对方精神状态良好，心情舒畅时，而不是对方繁忙或者情绪反常时。说服可以借助具体翔实的案例或者数据，事实胜于雄辩。

做为客服人员，在进行说服时，不能急于求成。可以采取循序渐进的方法，逐步地说服对方。先从对方不经意的问题切入，再循序渐进，步步深入，从而引出实质性的问题。使对方的思维跟随说服者的思路轨迹，渐渐接受说服者的观点。

说服别人是一项技能，是有方法可循的。只要你能巧妙使用下列方法，会增强你的说服力。当然，虽然我们用的是线下客服的案例，但在线上客服工作中，这些技巧同样适用。

第一种方法：釜底抽薪。

鲁迅说过："如果有人提议在房子墙壁上开个窗口，势必会遭到众人的反对，窗口肯定开不成。可是如果提议把房顶拆掉，众人则会同意退让，同意开个窗口。"利用釜底抽薪的方法，善意地"威胁"别人，能够切中要害，让对方产生恐惧，增强说服的力量。但是使用这种方法时，要注意说话的态度和用词的恰当、准确，不要过分，避免出现反作用。

第二种方法：以情动人。

说服别人赞同你的观点，可以采取感情攻势，向对方展示弱者的姿态，让被说服者产生同情，积极调动对方的感情。因为同情弱者是人类的天性。

一名顾客来到一家服装店，看上了一款羽绒服，但是觉得价格有点贵，正在犹豫不决。这时候，客服人员说，自己只是一个小小的理货员，根本没有给打折的权利。顾客看到对方是一个弱者的身份，再加上自己确实喜欢这件衣服，最终还是选择购买了。

第三种方法：以退为进。

说服别人，要站在别人的立场上思考问题，因势利导，顺着对方的思路，让他转变自己的想法，最终认同你的想法，从而达到说服的目的。这种方法需要把握好自己的观点和原则，否则，不是去说服别人，而是被别人把自己说服了。

第四种方法：旁敲侧击。

说服不一定要直接出击，旁敲侧击给予暗示，以改变别人的看法。这种委婉的说服办法，尤其适合那些爱面子、自尊心强的人。职工食堂里，两个员工因为排队的事情吵起来了。双方互不相让，争执不下。这时，旁边的一名员工发话了："咱们都是名企的人，成年人了。别人都觉得我们素质很高呀，为这点事争吵，太不值得了。"听完这番话后，两人马上停止了争吵。

第五种方法：巧借名言。

利用名言警句，准确、精炼、一语中的，说服别人。

对于客服人员来说，说服顾客，就是为对方重新构造一个新概念，也就是"洗脑"。成功说服对方分为三步：

第一，进入顾客的世界。不要一上来就批评对方，数落对方的不是，或者一上来就亮出自己的观点。这样的话，对方会产生逆反心理，对你产生偏见。你说的话哪怕再有道理，他也听不进去。相反，应该站在顾客的立场上，肯定他正确的方向，让他愿意听你去讲。持同一个观点的人，对方会把你当成是自己人，从而放松对你的心理戒备。

第二，发现顾客的需求。之所以成交，是因为满足了顾客的某些需求。只有对症下药，才能药到病除。也就是说，针对顾客的心理，想对方之所想，急对方之所急，只有这样才能有的放矢，击中要害。

第三，根据顾客的需求，建立新的信念。这个信念，是从满足顾客需求出发的，很容易为对方所接受。由于对方接受了你的信念，在无形之中，忘记了旧的信念，放弃了旧的主张。这样通过三步，你就能轻松将对方说服。

在说服对方的过程中,要注意下列问题:

一、开始时,要先讨论容易解决的问题,然后讨论容易引起争议的问题。

二、先谈好的事情,再谈坏的事情,好的事情和坏的事情都要谈出来,避免报喜不报忧。

三、强调与对方立场、观点的一致性,从而提高对方的认识水平和接纳程度。强调对对方的好处、条款,在激发对方对自我利益的认同感的基础上,接纳你的观点。

四、充分去了解对方。

第三章 | **80％的意思都不是用嘴巴传达的**

作为需要和顾客面对面沟通的客服人员，要想增加自己的说话魅力，我们就必须明白，身体语言是非语言沟通的有效方式。在与顾客进行沟通交流时，即便是不说话，客服人员的面部表情、手势动作、身体姿势等，同样会传达出想要表达的信息。而顾客同样也会通过客服人员的身体语言来探索对方的内心秘密以及真实想法。我们可以在语言上伪装自己，但身体语言却经常会"出卖"我们。

1. 佛靠金装，人靠衣装

苹果公司在世界范围内取得了划时代的巨大进步。但作为苹果已故CEO史蒂夫·乔布斯的穿着却仍旧保持往昔。他一贯以不变的中蓝色李维斯牛仔裤以及亚黑色圆翻领衬衫着装出现在公司的各种发布会上。尽管只是表象，却并没有一点随意的感觉。乔布斯几乎总是穿着这一身简单、质朴的服装，很符合公司形象。

著名的文学家郭沫若曾经说过："服装是文化的表征，衣裳是思想的形象。"由此可见，一个人的穿着风格不仅是人内在美的一种外在表现形式，而且还传递了一个人的心态、性格等多方面的信息。

正如美国的一位总统礼仪顾问所讲的："当你走进某个房间，即使房间里的人并不认识你，但他们仍可以从你的穿着风格对你的个人状况加以推断。"因此说，服饰不仅是流动的文化，更是表现自我的心灵舞台。服饰已经演变成为一种非语言符号，而这种非语言符号最大特点就是无声。

在客服工作中，线下客服人员会遇到形形色色的顾客，各不相同。如何认识他们，其实并不是一件简单的事情。我们往往会被第一印象定下终身烙印，正如卡耐基曾说过一句话："良好的第一印象是登堂入室的门票。"事实也确实如此,第一印象是阅读彼此内在的一种快捷方式。

所以,想要了解顾客的内心,不妨从观察顾客的着装着手。俗话说:"佛靠金装,人靠衣装。"下面就让我们具体研究一下身着不同的风格的服装体现出了顾客的什么心理。

(1) 紧跟流行,爱穿时髦衣服的顾客——容易随波逐流

这类顾客往往缺乏主见,喜欢随波逐流,他们的思想往往会被客服人员所主导。他们完全不理会自己的嗜好,甚至也说不清楚自己到底喜欢什么。

在这类顾客看来,只要是流行的就是好的。因此,他们总喜欢随着潮流走。此外,他们的内心常会感到孤独,情绪也经常波动。与这种顾客打交道,客服人员最好先从时下最流行的话题谈起,引起顾客的兴趣,然后再逐步切入主题。

(2) 对流行毫不在乎的顾客——理性、踏实稳重

与紧跟流行、爱穿时髦衣服的顾客相反,有一种人对流行丝毫不为所动。这一类型的人比较理性,意志力坚定,不会随波逐流,个性较为坚强。

他们性格比较沉稳可靠,做事踏实稳重。他们处事中庸,情绪波动不大,通常不会做一些违背常理的事。但他们往往又会比较固执,常常以自我为中心,因此常与他人发生争执。

如果客服人员遇到这种顾客,最好的办法是顺从他们的观点,在他们没有防备心理的情况下,不知不觉拍板成交。

(3) 喜欢朴实服装的顾客——思想单纯，做事有计划

这种类型的顾客做事小心谨慎，有计划，没有把握的事情他们通常都不会做。这类人从表面现象上看也是朴实的，生活中懂得勤俭节约，是重视现实的人。

不过，他们对别人的批评很在意，很难接受别人提出的意见。因此，客服人员遇到这种类型的顾客，奉承是上策。

(4) 喜欢粗犷风格的顾客——高瞻远瞩、眼光长久

这种类型的顾客大多喜欢粗犷风格，对于穿戴不太讲究。无论是生活还是工作中，他们都喜欢独来独往，大都是活力四射、精力旺盛之人。

他们不适合从事拿固定薪水的工作，不喜欢被人领导。因此，大多数人都单独到社会中去做生意或自主创业。

(5) 喜欢华丽服饰的人——爱出风头，爱炫耀

在大庭广众之下，总是用华丽的服饰来装扮自己，这种人无疑是爱出风头的人。生活中喜欢炫耀，也希望得到别人的赞美与夸奖。他们善于社交，接受新事物的能力比较强。

当客服人员遇到这样顾客的时候，一定记得多夸奖他们，满足他们的虚荣心与炫耀心理。

(6) 穿着马虎的人——缺乏逻辑性、计划性，但有实力

这种人在穿着方面非常马虎，往往身穿名牌西装，脖子上系着一条高雅的领带，脚上却蹬一双粗俗的皮鞋。他们通常办事缺乏逻辑性、计划

性，但富有行动力，对工作抱有热忱之心。

工作中，客服人员如果遇到这种类型的顾客，那么你一定要掌握分寸。对于他们你不宜采取责备的口吻或刺激性的语言，否则，他们会对你造成不必要的麻烦。

做好客服工作，要求客服人员摸透顾客的性情，那么从他们的穿衣风格去观察，也许会有意想不到的收获。

2. 肢体语言，让你成为关注的焦点

人类三大语言是口语、书面语和肢体语言（也叫体态语）。人类还没有语言之前，就已经使用肢体语言交流了。人们用表情、手势、姿态等能够表达思想感情的人体语言交流。

心理学家阿尔伯特·梅拉毕安发现一个公式：信息的总效果＝7%的书面语＋38%的音调＋55%的肢体语言。可见，肢体语言在语言信息表达中，占有绝对重要的地位。没有好的肢体语言，根本谈不上好口才。人们在交流中，通过眼神、表情、手势等辅助有声语言的表达。丰富多样的肢体语言大大弥补了有声语言在表达上的不足之处。

线下的客服人员在用语言表达时，尽管已经准确无误，但是顾客未必都能理解。如果用肢体语言加以补充，语意表达传神到位，能让顾客更清楚。比如，把手指放在嘴边，示意不要说话了。

客服人员接待顾客，在和顾客交谈时，往往会伴随着一些有意无意的动作举止。这些肢体语言通常是对谈话内容和谈话对象的真实态度的反应。因此，客服人员务必要对自己的举止予以规范和控制。

适度的动作是必要的。例如，客服人员可用适当的手势来补充说明其所阐述的具体事由；在倾听顾客说话时，则可以点头、微笑来反馈"我正在注意听""我很感兴趣"等信息。可见，适度的举止既可表达敬人之意，又有利于双方的沟通和交流。

避免过分、多余的动作。在与顾客交谈时，可有动作，但动作不可过大，更不要手舞足蹈、拉拉扯扯、拍拍打打。为表达敬人之意，切勿在谈话时左顾右盼，或是双手置于脑后，或是高架"二郎腿"，甚至剪指甲、

挖耳朵等。

交谈时应尽量避免打哈欠，如果实在忍不住，也应侧头掩口，并向他人致歉。尤其应当注意的是，不要在交谈时以手指指人，因为这种动作有轻蔑之意。

(1) 肢体语言的基本动作

在大量的工作实战中，总结出肢体语言的四个基本动作：拍手，可以引起大家的注意，这个动作不能常用，否则，大家觉得不是重要的事情，你还拍手，以为拍手是你讲话的习惯；握拳，表示对自己有信心，顾客也会对你的理念有信心；切剁，表示你对某件事情特别肯定和赞同的态度，并且感染你的顾客也赞同你的观点；抚平，可以带动顾客对某一个观点或某件事情持认可的态度，表示认可后，就可以结束对这个问题或者事情的讨论，接着向下进行。

肢体语言是客服人员根据动作、手势、眼神、表情的变化，来表达各种语言和情感。运用肢体语言，能为你的有声语言添加丰富的内容和吸引力，表达语言表达不能及的地方。

不用肢体语言，会使声音显得呆板、毫无吸引力；但是用得太多，会显得轻浮不稳重。因此，肢体语言首先要自然、得体、不做作。要求客服人员表情自然，动作大方得体，要表现出一定的风度，赢得顾客的好感。

肢体语言的运用，要讲究正确的时机。在恰当的时候，眼神、表情、动作能够帮助说话者传情达意，表达说话者的思想和内涵。肢体语言要求说话者不要太过于拘谨也不要太过于夸张，要恰如其分地帮助、弥补、强调、代替有声语言。

(2) 说话运用手势、表情的妙处

一加上动作,说话就马上有激情。中国著名的移植专家、中科院院士顾玉东说过,"当手做简单动作时,大脑的血流量会增加10%;手做复杂或者有力的动作时,大脑血流量会增加35%。这就是做手势可以使大脑兴奋的奥妙。"

人的身体是一个整体,这个整体的节奏是一样的。当你做手势,马上就能带动气息、血液、肌肉、声音它们以一个节奏和谐运动。

手有什么样的感情,口就有什么样的感情!

手有什么样的节奏,口就有什么样的节奏!

同一个人,同一段有形象的文字,不加动作就会呆若木鸡,加了动作,就会绘声绘色、活灵活现。因为,人人脑中都有形象。人的右脑是一个形象仓库,比如,李白诗中一句"日照香炉生紫烟",香炉就是外界事物,存储在大脑里,写诗的时候用上了。人的大脑里存储着大量的形象画面,这些画面来源于生活的体验。使用手势时,可以调出这些形象。

每一个手势都是一个指挥棒,手一动,大脑的形象就可以随时调出来;手不动,大脑的形象就不会出来。

(3)"有效沟通=55%的肢体语言+38%的语调+7%的语言"

肢体语言由头部、眼神、面部表情、手势、动作等组成。学会正确使用肢体语言,提高你的说话能力。

第一,头部。头部是人体最重要的器官。点头表示同意、肯定、赞成;摇头表示反对、否定、拒绝等;抬头表示希望、祝愿、祈祷、请求等;猛一抬头表示顿悟;低头表示谦虚、内疚、思考、羞怯、委屈、哀悼

等；向前伸头表示期望、关心、同情、倾听等；向后仰头表示恐惧、吃惊、迟疑、退让等；偏头表示怀疑。

第二，眼睛。眼睛是心灵的窗口。通过眼神，就能传递出你的内心世界，表达丰富的感情。泰戈尔说："一旦学会了眼睛的语言，表情的变化将是无穷无尽的。"学会用眼睛说话，掌握好眼神的使用技巧，就能实现很好的沟通。

比如：眼睛平视表示平和；眼睛仰视表示思考、期盼和向往；眼睛俯视表示谦虚、胆小、含蓄、羞怯；眼睛斜视表示反感、轻蔑、讨厌、鄙视、憎恶；眼睛圆睁表示恐惧、吃惊、兴奋、气愤。

眼神有几种使用方法：在说话时，如果顾客不止一个，可以采取环视法：用眼睛周期性地环视所有的顾客，掌握整个场合的所有动态，让所有的顾客都有被重视的感觉。客服人员在说话过程中，需要与顾客进行互动提问，比如鼓励顾客提问时，或者专心致志地听、对顾客进行诱导启发时，都可以采取局部环视法，有目的、有针对性地看着某些顾客。在座无虚席的大礼堂、广场，可以采取虚视法：眼睛不要盯着某一个具体的对象，要做到目光看似盯着听众，其实什么都没有看。这种注视法能够显示出说话者的气度，烘托现场气氛。

第三，面部表情。丰富的面部表情，可以帮助有声语言传达出客服人员的意图。面部表情由眉毛、嘴巴和面部肌肉变化形成。例如：眉毛舒展，表示平静；眉毛上扬表示高兴、兴奋、喜悦；眉头紧皱表示烦恼、忧愁、厌恶、痛苦；低眉表示顺从、思考；竖眉表示愤怒。嘴巴自然闭合表示平静、自然；嘴巴半张表示吃惊、有疑问、奇怪；嘴巴张大表示难以置信；嘴巴向上表示高兴、愉快；嘴巴向下表示烦恼、悲伤；嘴巴噘起表示不满、生气；嘴巴紧闭表示下定决心。面部肌肉微笑，表示友好、礼貌；

大笑，表示高兴、兴奋、开心；狂笑，表示极度高兴。害羞或者激动时会脸红；愤怒时脸会铁青、呼吸紧促、青筋暴露。

第四，手势。在说话时，客服人员运用不同的手势，可以表达不同的意思，能为话语增加感染力。手势分为四种：形象手势、象征手势、情意手势、指示手势。

形象手势是模拟事物的手势，即用手势模拟事物的具体形态，使有声语言表达更加生动。例如，给顾客描述一件物品时，可以用手势形象地比画。

象征手势表示抽象的意义，这样让顾客印象深刻。比如，食指和中指竖起分开，表示胜利。

情意手势用来传递感情，比如挥手告别。

指示手势让顾客明确说话人的指向。比如，讲到我时，手指自己的胸口。那些不雅观的手势语，有负面影响的手势，一定不能做。

3. 你微笑待人，世界就向你微笑

微笑不是客服人员一张职业化的笑脸，而是一种主动的人生态度的表现，是他们充盈的内心世界真实、自然地流露。

要相信微笑的力量。微笑往往会给人乐观向上、自信的印象，容易让顾客对你产生信任感。因此在微笑之前，你需要相信微笑有一种感染人的主动力量，自信的微笑更能打动人。

据说，美国旅馆业巨头、人称"旅店帝王"的希尔顿默默无闻的时候，他的母亲就告诉他，必须找到一种简单易行、不花本钱但长久的办法去吸引顾客，才能取得成功。希尔顿最后找到了这个办法，那就是微笑。依靠"今天你微笑了吗"的座右铭，他成了世界上最富有的人之一。

在与顾客打交道的过程中，最主要最经常使用的礼仪形式就是面带微笑。微笑是一门艺术。微笑的内涵和功能是巨大的。

微笑能给人安定的感觉，让人产生亲切、温馨的情感，所以，千万不要吝惜你的笑容。作为客服人员，不一定要用那种非常职业化的笑，笑可以是更自然、更真实的笑。这样的笑容才是灿烂的笑容，它可以打开顾客的心扉，令人如沐春风。

世界上最伟大的推销员乔·吉拉德说过："当你笑着的时候，整个世界都在笑。如果你一直都是同样一张苦巴巴的脸孔，那么连你最好的朋友都会烦你。"你微笑待人，世界就向你微笑。

如果一名客服人员连微笑都不会，更看不到笑容里流露出来的真诚与热情，那么顾客就会感觉到与你相处的时候没有一点活力和生命力。这样无聊的谈话，只能使得顾客早点摆脱你，你也就失去了继续展现自己的机会了。

其实，笑容是人与人之间相处的最好的桥梁，也是全世界普及度和推广度最高的一门"语言"。别人也许听不懂你说的是哪个国家的语言，但是不管是来自哪个国家的人都明白：微笑是一种真诚，也代表着一种态度。

一名优秀的客服人员总是会用微笑来拉近自己与顾客之间的距离。紧张的时候，无言的时候，一个微笑足够解决所有的问题。

微笑的魅力甚至不仅体现在人们面对面的沟通中，在电话中你的微笑，对方都能"听出来"。

不要以为打电话只能听到声音，就可以口无遮拦、不守礼数。很多打电话比较随便的人，一边打电话，一边抽烟、喝茶、看报，这是非常失礼的。因为在电话里，一个人在做什么，对方是可以"听"出来的。就像对方坐在你对面和你谈话一样，这样是很不礼貌的。

一个人，无论在任何情况下，都应该面带微笑拨打或者接听电话，不能让自己消极的情绪和坏心情殃及电话的另一头。

日本一家公司要求，每一个电话客服面前放一面镜子，以保证在接听电话时，可以随时看到自己脸上的微笑。据说效果非常好。因为微笑让电话客服的声音听起来特别的亲切，态度也特别的友善。

刘晶晶是一家销售公司的电话客服，平时喜欢看接打电话技巧方面的书。当她读到这段的时候，觉得很有道理，于是就按照书上说的，自己在办公桌前放上一面镜子，每次打电话的时候，也能看到自己的微笑。坚持下去，自己的业绩果然提高了不少。

假如你想在工作中获得成功，请记住，微笑是开启成功之门的钥匙。当你不想笑的时候也要笑，这可能很难做到，但是这很重要。无论你心里多么沉重，多么哀伤，多么忧郁，都不要表现出来。用你的整个笑脸和舒展的眉头消除忧伤，让顾客永远在你的微笑中愉快地接受产品。

世界上最美丽的笑容莫过于发自内心的、真诚的、不加任何修饰的笑。这样的笑让脾气再古怪的人也找不到理由拒绝。你对别人皱着眉头，别人也对你皱着眉头；你对别人皱的眉头越深，别人对你皱的眉头就越深。但如果你给对方一个微笑的话，别人也会对你微笑，或是给你带来意想不到的收获。

4. 眼神偶尔也会出卖你

人们常说"眼睛是心灵的窗户",一个稍纵即逝的眼神,也能发射出丰富的信息,将内心的情感和意向完全暴露。即使你用其他的动作来试图掩饰,眼神偶尔也会出卖你。

在一次招聘会上,某大型企业举行了一场别开生面的面试。他们将筛选出来的10名优秀的候选人一齐叫到现场,并坐一排,面试官与他们面对而坐。首先是面试官提出问题,然后他们一一作答。其次是每位面试官可以和任何一位候选人进行交谈。

在他们进行面试的时候,旁边还坐着一位关键性人物,他并未加入到评审团的队伍当中,只是坐在一旁当一个旁观者,但是手中会不停地写写画画。最终有3名候选人通过了这次评审,而他们成功的原因在于他们会用眼神与人交流。

最后那位在一旁写写画画的关键性人物道出了这次评选候选人的关键之处。他提到:"在这次面试当中,有些同学在回答问题的时候,总是环顾四周,而忽略了与面试官之间的眼神交流。"因此,眼神交流不仅表示相互尊重的意思,而且还能让真诚的目光作为你的形象代言。

在工作中,客服人员可以通过观察顾客的眼神来判断顾客的心理。比如,如果顾客目光炯炯有神,一定是遇到高兴的事情了;如果目光呆滞,一定是心里有不开心的事情。

特别是珠宝商场的售货员,他们常通过观察顾客瞳孔的扩大或缩小,来把握他们的心理。所以,当顾客在挑选珠宝时,售货员就会特别留意他们的眼神。

根据医学研究发现：眼睛是大脑在眼眶里的延伸。眼球底部有三级神经元，如同大脑皮质细胞一样，具有综合分析能力。所以，眼睛在人的五类感觉器官中是最敏锐的，大概占感觉领域的70%以上。而瞳孔的变化、眼珠转动的速度和方向等活动，又直接受脑神经的支配，再加上眼皮的张合、眼与头部动作的配合等一系列动作，人的感情就自然而然从眼睛中反映出来，而且它所流露出的信息甚至比言行更为真实。

看来，观察一个人的眼部动作比去调查一个人的背景还要来的直接、来的有用。

眼部的动作可以分为以下几种。

（1）紧盯一处

生活中，我们经常有这样的感受：当我们对某事物比较感兴趣的时候，经常会长时间盯着一处。

此外，当我们对某人怀有敌对心理或者是受到某种强烈的打击的时候，通常也会出现这种眼神。

再者，视线笔直且集中地盯着某处时，还表示威胁的意思。通常在警察审讯犯人的时候，会使用这种眼神，这样被注视的人往往会产生很大的压力感。

（2）视线左右移动

这种眼神象征着拒绝。当你看见这种眼神的时候，你就要清楚对方已经产生了排斥，或者不怀好感的心理。

一般这种情况多出现在男女之间。一个男的主动和一个女的搭讪，但是女的对这个男的没有好感，甚至莫名其妙地产生了厌恶之情，这个时候女的会自然地将视线左右移动。

因此,当我们与别人交谈的过程中,如果发现对方出现这种眼神,我们最好离开。此外,当对方感到害羞的时候,通常也会将视线左右移动,以缓解自己的紧张情绪。

(3) 视线朝下

谈话的过程中,视线不敢正视对方,或者是一接触到对方的眼睛就马上移开视线,这是一种胆怯的表现。

这种类型的人在与他人谈话的过程中通常都带有一种紧张感,借转移视线来缓解自己的紧张情绪。这种类型的人大多性格内向,缺乏自信心,而且经常会产生自卑心理。

(4) 视线朝上

无论在什么场合都习惯将视线稍微上扬的人,通常都拥有超强的自信心,性格也属于外向型。他们做事独断专行,不喜欢听取别人的建议,也不喜欢别人约束自己,通常都是以自我为中心。

这种眼神多见于公司的高级主管或者是官员。如果在交谈的过程中对方视线上扬,则很可能是在思考或者是希望转移话题。

(5) 眼神呆滞

心不在焉的时候往往会出现茫然呆滞的眼神。在谈话中你若发现对方的眼神呆滞、无精打采,很有可能说明对方对你说的话并不是很感兴趣或者是毫不关心。

（6）视线斜向一边

这种神情的人大多自以为是，觉得自己很了不起，瞧不起别人。如果你与他人交谈过程中，对方将视线斜视一边，他很可能是因为对你所说的话不感兴趣而产生了厌烦之心。

（7）挤弄眼睛

向对方挤弄眼睛是一种默契的表现，就如同在说"我们干的事情天不知、地不知，只有你知我知"；也有人在扮鬼脸的时候挤弄眼睛，为的是让自己的装扮更加逼真。能这样做的人一定是对你印象不错，或者就是他喜欢你，特别是在小孩子身上，更为普遍。

（8）眨巴眼睛

有个成语叫"挤眉弄眼"，其实就是一种眨巴眼睛的形式。如果对方朝你快速眨眼睛，其实这是一种暗示，让你领会他的意思。有的事情不能说，有的事情要说，这是你们之间的小秘密，不能让第三当事方知道。

还有一种情况，如果一个人脸部朝下，并快速眨眼睛，说明情绪非常激动，可能要哭了。这个时候，他最需要的是别人的安慰。

如果他眨眼睛的幅度比较大，速度比较慢，说明他不相信眼前所看到的事实，他需要睁大眼睛，想看清楚是不是自己"老眼昏花"了。

对于客服人员来说，读懂眼神里蕴含的意思对工作有很大帮助。眼神是通过眼睛传递情感的一种动态语言，一个不经意间的眼神，可以让你更好地洞悉对方的心理和意图。因此，从现在开始，我们不妨多关注他人的眼睛，通过眼神交流让自己获得更多的人脉财富。

5．察言观色并不落伍

客服工作是一项服务性的工作，要关注顾客的内心变化。而内心的情感是通过表情来传达，这就要求线下的客服人员有较强的察言观色的能力，要做到由表及里，通过顾客的表情来品察他们的内心。

人的某一种表情，其实是内心情感的一种有形的外在体现，是一种特殊的身体语言。因此，学会察言观色，已经成为人际交往和情感沟通的有效工具之一。

如果一个人遇到伤心事或者烦心事，就会不自觉地皱皱眉头或者流眼泪；相反，如果一个人很开心，就会不自觉地笑逐颜开。其实，表情有时候比语言更能传达一个人的内心情感。

甲是一个著名的房地产大亨，他打算出售自己的一家酒店。这个酒店是5年前买下的，现在他已经不需要这个酒店了，因为他最近刚买下了一个更大的酒店。

听说甲的酒店出售，亿万富翁乙很有兴趣购买这家酒店，于是就找到了对方。

虽然甲很急切地想卖掉这个酒店，但是通过观察对方的表情，看到对方购买的决心很大，于是便假装很不情愿地说："哦，千万别把我的酒店买走，那可是我最喜欢的产业，我真不舍得卖。不过，你要是真心想买的话，我倒想知道你能出多少价钱？"

乙："我最多能出12亿元。"

甲："12亿元，算了吧，这个价我是绝对不会卖的。"

乙着急："13亿怎么样？"

甲淡定地说："真的，你知道我不舍得卖掉我的酒店，因为我知道它的价值。"

乙继续加价："14亿怎么样？"

甲装作无可奈何："说真的，你要是诚心想要的话，最好再加点吧。"

最终，成交价是16亿元。我们看到，甲是一个识人的高手，通过表情看透了对方一心想买的心理，于是"心不甘情不愿"地把自己的酒店卖了个高价。

表现得不情愿不是对成交的结果不重视了，恰恰相反，这是一种欲擒故纵的策略。在客服工作中，如果顾客想购买你的产品时，不要高兴地一下子就答应了他，你可以恰到好处地表现出你对产品的"依恋"。你可以这么说："在我所有的产品中，这个产品的升值空间最大，订单很多，恐怕都要排队等产品。"客服人员要强调对产品的特殊感情，但是还是要感谢顾客的报价，自己是可以"忍痛割爱"的。

相反，一个客服人员，如果急于成交，对顾客过度热情，顾客会认为你没有选择，一定会趁机压低价格。或者对你的产品产生怀疑，认为这家公司经营不正常了。

作为客服人员，他的言行举止及情绪流露也要随着顾客来改变。因为不同的顾客，有不同的性格和差异化，一个优秀的客服人员能够根据顾客的不同而迅速调整自己的情绪及行为举止，从而成为一个能够熟练掌控周围气场的人。

现实生活中我们常常能看到这样的现象：一个在公司身居高位的人，刚刚还对着自己的下属大发雷霆，把下属教训得体无完肤。一转身，这个人面对顾客的时候，却又满面春风，丝毫看不出他刚刚发了一通脾气。而如果面对的是顾客，他的脸上甚至会带有一丝讨好的表情，完全没有了刚刚面对下属时居高临下的姿态。

这种迅速转换情绪的行为是一种本领。一个工作能力强的客服人员，往往都具备这种迅速"变脸"的能力。

一个懂得"变脸"的人，就像一艘运转灵便、鼓足风帆的航船，既能速度快，又能及时躲避触礁危险。事实上，这种角色理论，不仅适用于自我修炼，也可在改变态度方面做广泛地应用。

6. 习惯性手势暗藏的心灵地带

手也会说话：手的动作可直接反映顾客的内心。

人类的双手是最为独特的，既可以拿工具，也可以写字、画画、制作工艺艺品，还可以弹奏出美妙的音乐，甚至表达我们内心深处的想法。这是其他任何生物都无法做到的。

我们习惯用手的比比画画来表达自己内心的感情、思想和观点。科学研究证明，手可以感受到来自内心的0.00002毫米的振动，人的心理变化会迅速地反映在自己的手上。所以说手是人内心震颤的传感器，一个人手的动作往往能直接地反映其当时的所思所想。

人们常说"捏着一把汗"，可见，紧张的情绪不仅反映在脸上，还能表现在手上，甚至"手的表情"比脸上的表情来得更真实。因为人的大脑皮层除了控制面部的动作外，绝大部分就是用来控制手部动作。

手势是我们生活中的无声语言的又一种形式。我们与人交往的过程中，手势起到了加强语言的作用，正所谓"此时无声胜有声"。所谓手势语是指以手的姿势作比量，模拟形象等来表达一定意思的语言方式。很多时候，手势可以反映人的修养、性格，也可以更好地表达人们的思想感情，更能帮我们看准一个人。

手势具体说来有以下表现形式：

（1）背手

这种动作表示此人对生活充满自信，对未来充满憧憬。这种人心态比较成熟，遇到事情异常冷静，不慌不忙，常给人一种镇定自若的感觉。但是也有例外，应视具体情况而定。

如果双手背于身后，并且用一只手抓住另一只手的手腕或胳膊，则表示此人心理紧张。采用这种姿势，只是想控制自己的紧张情绪。一般害羞的少女在陌生人面前会不自觉地采取这样的姿势。这种姿势，手握的位置越高，说明情绪紧张的程度越高。

(2) 搓手

这不仅是人们怕冷，还表达了内心的一种期待的情绪，期待着某事的成功或预期得以实现。这得分两种：快速地和缓慢地搓手。

快速度地搓动着手掌，表明他对对方所说的事情跃跃欲试，似乎中间还夹杂着一点急切。比如说对方在谈论怎么钓鱼，怎么样钓鱼能陶冶情操时，听的人就想马上到池塘边进行垂钓，越快越好。而缓慢地搓手掌，则说明对方犹豫不定，要么就是他的决定关乎全局，要么就是要做的事阻力很大，他正在考虑要不要去做这个事情。

(3) 十指交叉

十指交叉，是人们常用的一种手部动作。千万不要误认为这是很自满的意思。事实上恰恰相反，将十指交叉，遮住一半面部，一般都是在隐藏自己的感觉。

当然，这种动作也有对抗情绪的意思，表示对你所说的东西不感兴趣。而如果他忽然把手松开，配合着上身前倾，这说明他想发表自己的观点，或者就是想离开，却又碍于面子，不好表达。交叉的十指，有时还表示焦虑、紧张不安的情绪。

例如，女生突然被一个男生叫去谈话，感觉到紧张，不好意思，其中夹杂着害羞的情绪，也时常会十指相扣。

(4) V型手势

做V型手势时，一般都表示"成功"。具体是掌心向外，伸出食指和中指，其余三指收在掌心。

这种动作特别容易出现在竞技现场或者考试现场，表示动作发出者信心满怀，对事先约定好的目标非常有把握。但是，换一种方式，如果是掌心向内或者是向内倾斜，则是代表数字2。

(5) 用手捂住嘴

在与他人谈话过程中，用手捂嘴的人性格多内向，是含蓄、腼腆的表现。他们经常害羞，不敢过多暴露自己，更不会将自己过多地呈现在他人面前。这种类型的人，无论是男性还是女性，虽然见的世面很多，但是他们还是对自己身体的某些方面表现得过度自卑，从而用手捂住嘴来掩饰内心的胆怯与害羞。用手捂住嘴，还有另一个意思，就是要求对方听话后保守秘密的意思。除此之外，还有一部分人，他们在说错话的时候通常喜欢将手捂住自己的嘴，进行自我掩饰，并感觉有些不好意思。

(6) 竖起大拇指

我们都知道，在我国，竖起大拇指的意思是赞扬、厉害、真棒的意思。一般情况下，如果一个人对另外一个人非常赞赏，通常都会竖起大拇指，并伴有微笑，这样才能表现出对对方的尊重与鼓励。生活中，经常用这种手势的人一般都比较谦虚、低调、心胸开阔且有度量。

(7) 手指不停地动弹

手指不停地动弹，说明此人正在处于一种紧张的状态中。这部分人是凭借手指适当地动动的方式来转移自己的注意力，缓解自己一时紧张的情绪。通常表现在拉扯衣襟、两手互相抠手指等。当你与他人谈话的过程中，发现对方有这种小动作，你不妨制造些轻松的谈话氛围，来缓解对方的紧张气息。而且你与他人谈话过程中应该尽量避免这种小动作，因为这种手势通常给人一种不尊重对方的感觉。

(8) 紧握拳头

我们都知道，拳头是力量的象征。当你发现对方紧握拳头时，则说明这个人正在处于一种生气或者是难过的状态。如果一个人在演讲的时候紧握拳头，则说明他的情绪高亢。如果对方将大拇指攥在手里举起拳头，则说明这个人自信心不足、缺乏安全感。

(9) 伸出小手指

在我国，伸出小手指则代表垃圾、差劲的意思。一般情况下，这种手势带有一种讽刺或鄙视他人的"味道"。因此，如果某个人经常使用此手势，则说明这个人性格高傲。生活中，当你和这种人谈话或者是相处时，一定要做好这方面的心理准备，否则很容易发生摩擦。

(10) 伸出食指

伸出食指一般表示"1"的意思，这种手势最常见的地方就是比赛场上。而且对于这种手势我们并不陌生，飞人刘翔，他每次夺得第一名后，都会做出这样的动作。通常来讲，经常伸出食指的人都比较自信，并且内心充满了对成功的渴望。

(11) 大拇指和食指搭成圆圈，其余三手指直立

这种手势代表的是"OK"的意思。在美国和英国经常会出现这种手势，通常在答应某人或同意对方所提出的要求时使用此手势。在生活中，如果一个人经常使用此手势，则说明这个人的性格随和、开朗大方、平易近人，在生活和工作中都能保持乐观的心态。

(12) 单手托下巴

在与人谈话的过程中，如果发现对方一只手托着下巴，另一只手则支撑着托着下巴的那只手，那么说明这个人正在沉思，或者是对别人说的话不是很感兴趣。这种人大多善于思考，思维活跃，为人处事比较理智，而且处事比较圆滑和老练。当你看到这种动作的时候要根据谈话的语境来判断，这样才有利于你更好地把握谈判的时机。

(13) 敲打桌子

在谈话的过程中，喜欢用手敲打桌子的人，一般都是在强调自己的观点。他们性格大多比较高傲、自信、专横，常常以自我为中心，不希望任何人反驳他的观点。使用这种手势的人，通常都是为了证明自己的观点而否定他人的观点。

总之，人的手势是千姿百态，传递的信息更是丰富多彩，还能更好地体现出一个人的真实的内心世界。客服人员如果懂得顾客手的动作所代表的含意，便可以更及时更准确有效地了解顾客的一些心理活动，从而给自

己的客服工作带来不少帮助。

不过值得注意的是,当你与顾客交谈时,手势要自然,姿势得体大方。优美的手势能让人感到心情愉悦,如果手势表现得生硬呆板,不但不能实现表情达意的效果,反而会造成人与人之间的一种交流障碍。所以,客服人员在与顾客谈话时,不妨多观察顾客的手势,发现手势中隐藏的"玄机"。

7. 语言、表情和行为的一致性

言谈举止都是用来表达思想和感情的。作为一名优秀的客服人员，在接待顾客时，要把优美的语言与恰当的表情配合运用，同时以美的行为来博得顾客好评。

如果语言、表情和举止不协调，会让顾客觉得客服人员言行不一，甚至产生不快，失去对客服人员的信赖。

那么，如何做到语言、表情和行动的一致性呢？应该注意如下几点：

第一，说话要注意举止表情。客服人员的良好修养，不仅寓于优美的语言，而且寓于温文的举止和神态。

比如顾客去餐厅进餐，服务员虽说了声："您好，请这边坐。"可是脸上没有笑容，眼睛也不看人，这岂不让人怀疑客服人员是否确有诚意吗？

这是因为人们的心情不仅由语言来表达，还要由面部表情，腿、手的动作来配合。相由心生，音由心起，如果不是出在诚心，话说得再漂亮，对方也会感觉出来。

客服人员的热情和微笑，往往可以弥补语言上的不足，日本新大谷饭店比喻"微笑是打动人们心弦最美好的语言"，"笑脸相迎将使工作生辉"，是很有道理的。

客服人员在说话时，正确的表情、举止应当是：面向顾客，笑容可掬，眼光停留在顾客眼鼻三角区，不左顾右盼，心不在焉；要垂手恭立，距离适当，一般以一米左右为宜，标准站姿；要举止温文，态度和蔼，能用语言讲清的，尽量不用动作，尤其不能指手画脚；要进退有序，事毕要躬身后退后一步，然后再转身走开，以示对顾客尊重；不得扭头就走，将背影留给顾客。当然，这些都是最基本的要求，但又是获得良好的语言效果的必不可少的知识。

第二，口齿清楚，音量适度。客服人员说话，吐字清楚，噪音悦耳，不仅有助于表达，而且可以给人以亲切感。如果口齿不清，会使人听了不舒服，甚至造成误解。

此外，音量适度也很重要。合适的音量，以能清晰地送达顾客耳边为准，过高或过低都不好。有的客服人员在公共场所，不管不顾地大声讲话，震惊四座，这样会使顾客觉得太不文明。还有些客服人员，喜欢凑到顾客耳边小声嘀咕，甚至把呵出的气喷到顾客脸上。这些都是极不好的习惯，是不礼貌的行为，必须改正。

客服人员应该尽量避免与顾客隔着很远打招呼，攀谈。看到顾客从远处走来可以先点头示意，然后快步上前打招呼。遇到耳背的顾客，可以略提高嗓音，简要作答，如有简介说明等文字材料，应尽量让顾客自己看，免得打扰其他顾客。

第四章 学会倾听,你就成功了一半

语言是双向沟通的艺术。说话和听话具有互动性，密不可分。根据调查，人的一天中，大约40%的时间都在听话。说话是将语言有效地组织起来并输出的过程，而听话是将语言收集并解码的过程，这两个过程合在一起就构成了沟通。

沟通是双向的，不是单向的，这就要求我们善于倾听，一定要听听顾客怎么说。很多时候，说得多了，听得少了，误会和矛盾也就产生了。我们不要总是像机关枪一样，嗒嗒嗒嗒地说个没完。我们要时不时地停下来，听一听顾客的感受和抱怨，进行心与心的交流。

一个人无法沟通，就像没有两个人就没法跳探戈舞一样。倾听最重要的是集中精力，把心思放到顾客身上。这样，你不仅可以接收到更多的信息，而且还可以表示对顾客的尊重。

在沟通时，你与顾客的距离不要太近。如果你侵入了对方的舒适区域，对方会感觉紧张，有压迫感，说话走神，开始想着怎么拉大与你的距离。在倾听中，我们经常会犯一些错误，使得沟通双方不但没有拉近距离，反而更疏远了。

1. 专注聆听，让对方向你敞开心扉

做好客服工作，首先一个必要条件就是要具备良好的语言表达技巧，然而单凭这一点是远远不够的。人际沟通的真谛，不在于一味地向对方炫耀自己，而是要善于鼓励对方多说话，让他展示更多的才华。

俗话说，要想钓到鱼，就要像鱼一样思考。假如你希望得到对方的关注，那么你就应该先关注对方。也就是说，无论是线上还是线下的客服人员，在跟顾客交流的过程中，我们要先学会做一名听众，专注地聆听顾客

的谈话。只有这样我们才能打开对方的心扉，令他在愉悦的氛围中表达自己的观点和看法。

不管是声名显赫的大人物，还是普普通通的市井百姓，他们都有一个共同点，那就是喜欢跟善于聆听自己讲话的人打交道。我曾经读过一本书，书中有句话很是发人深省："很多人之所以去看医生，其实他们的身体状况都很正常，他们只是在寻找一位聆听自己的人罢了。"

在客服工作中，专心致志地倾听顾客发表自己的意见，其实是一种很高明的恭维方式。尤其是当顾客的意见和观点跟我们不尽相合时，专注地倾听是打动他们，赢得销售的最佳沟通手段。倘若顾客是一位吹毛求疵的人，或者是食古不化的呆板之人，他们往往是最不容易被说服的。然而他们身上也会存在弱点，只要我们具备足够的耐性，富于同情心，专注地聆听他们的诉说，他们顽固的思想，也会像春日里的冰雪一般被融化的。

在日常交际中，我们可能会碰到这样的现象：当一个人正在情绪愤怒的时候，倘若你能保持缄默，并且认真地倾听对方的意见，他对你那种不友好的口吻和态度，慢慢会变得温和起来。这就是倾听的魅力所在！

再比如商业谈判中，专注地聆听对方，往往能促进双方顺利地展开合作。曾经有位学者发表过这样一种观点："成功的商业合作，本没有任何秘诀可言。然而，当谈判对手在讲话时，你必须要专心致志地倾听，这一点极为重要。因为没有人不喜欢让别人来倾听自己的故事，你在聆听对方的时候，往往会使他们感到很开心。"

哥伦比亚大学校长巴德勒博士曾经说过："有些人之所以讨厌，就是由于他们的自私心和自重感在作祟。那些只知道谈论自己的人，都是一些不可救药的缺乏教养者。无论他受过怎样的教育，从本质上讲，他都是一个没有教养的人。"

对于隐藏在倾听中的恭维艺术，是很少有人会拒绝的。因此，如果你想成为一名优秀的客服，那么你就要先做一名专注的倾听者。做到善于倾听并不困难，只要你多询问一些他感兴趣的话题，并且鼓励他谈论一些自己的事情，仅此而已。

不过，在倾听对方的过程中，我们应该把握一些小的细节：

（1）找出顾客话语中的关键词

当顾客在向你谈论自己时，会不时地描绘一些具体事实的关键词。根据这些关键的字眼，我们客服人员或许可以从中获取到一些信息，而且这些关键词里可能也隐含着顾客的一些兴趣或情绪。透过这些关键词，找出顾客感兴趣的话题，这样有利跟对方进行更深入地沟通。

此外，找出顾客话语中的关键词，也能使我们更加自如地与对方交谈。比如，我们可以在发表自己的观点时，掺杂顾客所谈论过的一些重要内容，顾客就会感觉我们对他的讲话很感兴趣，听得很认真。当他们被尊重和被重视的心理满足后，自然也就对我们客服人员增加了好感。

（2）语言上积极配合对方

当顾客在谈话中讲到某一点时，你可以用几句简短的话"插科打诨"，以此表示你对他所谈论的话题很有兴趣，比如"原来如此""太好了""真的吗？"等等。你也可以向顾客提出一些疑问，让他为你"释惑"，这样会让顾客感觉你的确是在很用心地倾听他的讲话。不过应该切忌一点：倘若顾客还没有开口讲话，就不要急着滔滔不绝地发表自己的观点，抢了对方讲话的机会。

在跟顾客交谈的过程中，即使对方的观点你不认同，也不要鲁莽地反驳或者纠正对方。因为你的观点也未必全然正确，况且若是贸然去纠正他的观点，就会将对方置于难堪的尴尬境地，他也就失去了跟你继续交谈下去的兴趣了。倘若你有跟他不同的观点和看法，可以在对方讲话结束以后，再以一种恰当的、不失和气的方式去阐述自己的意见，但切记在对方谈话兴致正浓的时候去打断他。

(3) 倾听中巧妙地运用眼神和肢体语言

在人际沟通中，目光和眼神往往能流露和传递出很细腻的感情，在人际交往中起着非常重要的作用。客服人员在倾听顾客讲述自己的经历或观点时，为了表示对他的尊重，我们最好是双眼凝视着对方。无论对方是什么身份、什么地位，我们都应该这样做，只有这样才能让对方感觉我们是在很用心地倾听他的讲话。

其次就是要学会利用自己的肢体语言，暗示或鼓励对方谈论下去。比如向顾客颔首会意，绽放出一个微笑，或者稍微欠一下身。而若是在顾客面前，你表现得像磐石一样，纹丝不动，就会让对方产生一种错觉，认为你在心不在焉地听他讲话，导致他失去谈论的兴趣。需要提醒的是，当你在利用肢体语言的时候，动作幅度不宜过大。

2. 不要一个人唱"独角戏"

一名优秀的客服人员，一定是一个善于倾听的人。因为只有倾听顾客，才知道顾客心里在想什么，才知道顾客想听什么话，才知道顾客是不是了解了自己的意思。只有这样，才能说出得体的话，走进对方的心里，真正让自己的话对顾客充满吸引力。

而那些在谈话的过程中只顾自己滔滔不绝地讲，不给顾客发言余地的客服人员，其实只是在炫耀自己。他们是自私的，根本不顾及顾客的感受。这种人，企图让自己完全掌控说话的主导权，本来就是不尊重顾客的态度。任他们再如何慷慨陈词，如何神采飞扬，顾客回应给他们的是冷漠的态度，或者给予驳斥、回击。

所以学会倾听是让顾客接受自己的第一步。在与他人交谈时，一定不要一个人唱"独角戏"。否则，可能会失去所有的顾客。那说出来的话再好听都没有意义了。

有人形象地用标点符号做比喻，提醒人们说话的原则。他说："要成为一个受欢迎的谈话者，不要用冒号，那是意味着你要说的小标题；避免用分号，那表示的是你事后的思考；可以多用句号，那表示你说完了；特别要用问号，那表示你将邀请别人谈话。"

这就是要多倾听别人的道理，避免自己的一言堂。其实，有的客服人员口才真的很好，他们口齿伶俐、见解独到，但却吸引不了顾客。这是因为他们在说话的气势上太过凌厉，一心想压倒别人，这带给顾客一种非常不舒服的感觉，一听他们讲话就有排斥的心理。另一方面，为了达到成交的目的，他们太急于把自己知道的东西说出来，不希望别人打断，看起来像在过度表现。虽然主观上没有不尊重别人的意思,但实际上已经造成了不尊重他人的事实。

所以,在谈话的过程中,我们首先要做一名听众,然后再做演讲者。乐于倾听,善于倾听。能从他人的言语中判断这个人的文化修养,说话风格,说话思路。从微妙的语言中捕捉到他的感情态度,他的心理需求,他期待自己给予其怎样的回应。这样,轮到自己说话的时候才会有的放矢,知道自己该说什么,不该说什么。说出来的话才会大方得体,得到对方的喜爱。

对于倾听的重要性,很多人都深有感触。央视主持人刘建宏在北大演讲讲到口才时,告诫北大学生要做一个耐心的倾听者。他认为,很多人对口才的认识走入了误区。他说:"很多人以为谈到口才就是要训练自己的表达如何有技巧,如何华丽。殊不知,更高的境界在于听。因为沟通不是一个人的事,它有着相互对立却又互相平等的双方。既然一方在说,另一方就必然需要去听。你永远都不可能一直说下去,因此,培养听的能力也是口才的一个重要组成部分。"刘建宏还认为,如果一直在说,自己的技巧就永远停留在原地得不到进步。而倾听别人一方面可以让自己的耐心得到最大限度的扩展;另一方面也是更加重要的,可以从倾听之中学到不少关于表达的技巧。

刘建宏的见解一针见血地指出了倾听的重要性:倾听不仅是在尊重别人,更是在提高自己。只有学会倾听,才能培养高超的口才。对于客服人员来说,要想服务好你的顾客,倾听非常重要。

3. 留给对方说话的机会

说话是双方交流的过程。在这个过程中，双方要尽量保持一种平衡的状态，谈话才会顺利、和谐。如果有一方锋芒太露，和谐的局面就会被打破，对方会感到严重的不平衡，很难做到集中精力听他讲话。所以，要懂得重视别人，留给别人说话的时间，这也是良好的倾听。

在工作中，我们不少的客服人员就因为锋芒太露，只想表现自己而被同事甚至顾客所反感。

客服人员小马说话口齿伶俐，语言精彩，内容中肯，观点独到。他自我感觉非常好，在单位里总以能说会辩自居。但是他并不怎么受听者欢迎，相反人们对他有一种嫌恶感。原因是小马喜欢把自己摆在突出位置，只知道自己长篇大论地说，不给对方插话的机会。这种只知卖弄自己不懂倾听他人的做法，很难赢得别人的喜欢。

说话是沟通的工具。对于客服人员来说，成交离不开说话，离不开说服顾客。话都是说给顾客听的，谁都希望在顾客面前有更多说话的机会，并引起顾客的良好反响。谁都想抓住机会把自己的思想和观点表达出来，把自己的精神充分地表现出来。但一味地追求这些，就容易犯小马这种错误。不知不觉中突出了自己，忽略了别人。要留给别人说话的机会，别人才会好好地听你说话，沟通才会顺畅。

做到这样并不难，要在说话时注意以下几点：

（1）要选择适当的时机说话

人与人的交流是平等的，不管是客服人员与顾客的沟通，还是别的关系，每个人都有说话的权利和机会。要在该自己说话的时候说恰当的话，不能想说就说，说起来没完没了。会说话和会倾听的人能够准确地把握自己说话的时机，到了什么火候该轮到自己说话了，到了什么时刻该自己插话了，他们都了解得清清楚楚，该说的时候说，不该说的时候坚决不说。这样既不会干扰到别人，自己说的话也有了分量，随时能抓住听众倾听的欲望。虽然话不是很多，却比滔滔不绝地一直讲有效果得多。既成就了别人，又完善了自己。

(2) 要保持谦虚谨慎的态度

客服人员谦虚谨慎的态度，往往在与顾客的沟通中表现出来。

人在说话的时候，难免有主观感情成分的参与，但要加以抑制和净化，保持一种平稳的基调。不要随意地表达自己极端的情绪，特别是不满的情绪。否则会在无意中造成对他人的伤害。

说话时，一定要控制自己说话的情绪，时刻保持冷静理智，千万不要说那种堵得别人一句话都说不上来的话，堵住了别人也堵死了自己说话的机会，没有人愿意与说话噎人的人交流。所以，说话的时候要谨慎，给别人留下说话的余地，这样既让别人多了说话的机会，也延长了自己说话的时间。

(3) 说话要言简意赅

说服顾客，并不是说得越多越好，而是说话要言简意赅。

一个客服人员口才如何，不能用说得多与少来评价。话不在多，说到点子上，真正一针见血的话都是简短有力的。这不仅能让自己的话有震撼力，还会为别人留出更多说话的时间。

有的客服人员说话啰唆，一个意思绕了半天都没有表达清楚，让顾客没有听的兴趣，又没有说话的机会，对这种人十分厌烦。说话要做到言简意赅，必须观点鲜明、重点突出、表达准确。这就需要客服人员平时注意锻炼自己的逻辑思维能力、总结归纳能力、语言表达能力。同时，在倾听顾客讲话的时候要集中精力，轮到自己回应的时候才会说到点子上。说出来的话让对方觉得舒服、得体、信服，彰显自己讲话的魅力，还为别人讲话节约了时间，受到别人的认可和尊敬。

（4）采用商量的口吻说话，避免草率的争辩

我们经常会遇到这样的情景，一群人开始说话还挺好，说着说着就嗓门越来越大，最后干脆吵了起来。这就是现实生活中的"抬杠"现象。这种现象出现的原因就是说话者都在争辩，企图用自己的观点压住别人的观点。这种草率的争辩往往难以让对方信服，最后只好不了了之，争不出个所以然，让大家不欢而散。

争辩的人都没有考虑对方的感受，太急于表达自己的观点，总是在抢夺别人说话的机会，出现了对抗性的局面。这对说话双方都造成了伤害，哪一方都不会好好听对方的意见，更不会根据对方的意见来反思自己的想法。

对于这一点，客服人员一定不要犯这样的错误，而是说话时要采用商榷的口吻。

商榷是一种相互探讨，力求达成一致的说话方式。商榷的口吻会留给对方说话的余地，使对方产生相容心理和悦纳心理，激起对方的参与意识。要学会使用发散思维，问题通常是多面的，自己的观点有理有据，别人的观点也自有其道理。从同一个问题上发散出多路思维，就能试着去理

解别人。要全面地看待问题，同一个问题，相信不会只有一种观点是正确的。自己的认识可能只是问题的一方面，而别人的观点恰巧与自己的互为补充，双方结合能更好地来诠释这个问题。

所以，当你确实持有真知灼见的时候，也不能否定顾客的一些观点。全面地看问题，会对顾客的见解有公正的认识，不至于固执己见。要用辩证的态度看待自己和对方的观点。自己的观点并非完美无缺，别人的意见也不至于一无是处。每一方的观点都有其可取之处，也有其不可避免的缺点。不要把自己的看法绝对化，要虚心听取别人的意见，这样更加客观，更受别人的欢迎。

总之，给别人留下说话的机会就等于为自己创造说话的机会。不要太过突出地表现自己，否则听众会越来越少，自己说出来的话毫无意义。跟他人交谈的时候要保持谦逊的态度，用商量的口吻与对方交谈，多为别人的情绪着想。学会在恰当的时机说正确的话，这样才能把话说到点子上，言简意赅地表达自己的观点，为别人留下更多的说话时间。久而久之，你的听众会越来越多，你的回头客也越来越多，你也会得到越来越多的认可。

4. 满足顾客说话的欲望

在工作中，客服人员不仅要学会怎样积极地表达自己，还应该学会做一个良好的倾听者。这就要求客服人员不仅口齿伶俐，能言善道，还能够善于倾听顾客的心声，及时发现顾客的需求与态度。

满足顾客说话的愿望，学会做一个耐心的倾听者，学会采用和接纳顾客的意见，鼓励顾客多谈论自己，客服人员再将顾客的意见综合起来，认真分析，以找出正确的解决问题的方法。

有经验的客服人员都会很认真地倾听顾客的谈话。当然，这不是浪费时间，这是一种很有价值的倾听方法。花点时间倾听顾客的谈话，你可以在了解顾客的需求和意见之后，来为顾客提供产品，改进服务。这样，不仅使得客服工作效率大大地提高了，还会给顾客留下良好的印象。

有一次，一位顾客来到一家汽车4S店来买车，客服小乔向他推荐了一种最好的车型。顾客对车很满意，并打算要刷卡埋单，眼看就要成交了，对方却突然变卦而去。小乔为此事懊恼了一下午，百思不得其解。

到了晚上11点多，他实在忍不住了，就打电话给那人："您好！我是小乔。今天下午我曾经向您介绍一部新车，眼看您就要买下，却突然走了？能告诉我这是为什么吗？"

"喂，你知道现在是什么时间吗？"那人愤怒地回答。

"非常抱歉，我知道现在已经是晚上11点钟了。但是我思考了一个下午，实在想不出自己错在哪里了，因此特地打电话向您讨教。"小乔赶紧说明了打电话的原因。

"真的吗？"那人问道。

"肺腑之言。"小乔说。

"很好！你在用心听我说话吗？"那人又问道。

"非常用心。"小乔说。

于是，那人打开了话匣，向小乔斥责道："可是今天下午你根本没有用心听我说话。就在签字之前，我提到我的儿子即将进入一所医科大学读书，我还提到他的学科成绩、运动能力以及他将来的抱负。我以他为荣，但是你却对此毫无反应。"

小乔对此记忆非常模糊，因为他当时根本没有注意。他那时认为已经谈妥这笔生意了，也就没有注意听对方在说什么。这就是小乔失败的原因：因为那人除了要买车，更需要得到别人对他的优秀儿子的称赞。

这件事情之后，小乔开始时刻注意顾客的谈话内容，尽心尽力，尽职尽责地对待每一位顾客。并且，他非常注重对顾客的服务质量，经过不懈努力，他的业绩也取得了巨大的提高。

在与顾客的交谈过程中，客服人员要学会做一个倾听者。倾听顾客的意见，可以避免销售过程中出现很多不必要的误会。一般来说，如果顾客误会了你的意思，你能从顾客的谈话中了解到；假如是你误解了顾客的意思，你也能从他的谈话中发现误会。遇到这种情况，客服人员可以立即想办法消除顾客的误会，向顾客做出解释。

能够倾听他人的心声，满足顾客说话的愿望，一方面是一种礼貌，表示对说话者的尊重，显示自己的谦逊；另一方面，也是一种根据说话者的需求来解决问题的好方法。

认真倾听顾客的心声是有效销售的基本要求。最重要的是，客服人员要用心去倾听顾客的心声，真正了解顾客的心声，千万不能大意。假如客服人员没用心听顾客讲话，听错了意思，那造成的后果是非常不利于销售的。

　　总之，客服人员在倾听顾客的心声时，不能只听顾客的意见，要分析出顾客的真正心理要求，灵活地与顾客保持良好的沟通，并通过这些谈话找出一些正确的行之有效的方法来满足顾客的需求。这样，才是真正的倾听成功了。

5．不要打断顾客的谈话

在客服工作中，有很多客服人员在听顾客讲话时，对方还没有讲完，就认为自己已经懂了。在还没有了解事情的全部情况时，就开始插话、评头论足。

当顾客在诉说时，为了更好地理解顾客所表达的意思，需要客服人员暂时忘掉自我的思想、期待、成见和愿望，全神贯注地理解顾客所讲的内容，与对方一起去体验、感受整个过程。我记得有这么一句话："你说什么不重要，重要的是对方听明白没有。"

我们一起来看一个小故事加深对此道理的理解。

一个盲人到亲戚家做客，天黑后，他的亲戚好心为他点了个灯笼，说："天晚了，路黑，你打个灯笼回家吧！"盲人火冒三丈地说："你明明知道我是瞎子，还给我打个灯笼照路，不是嘲笑我吗？"

他的亲戚说："你听我讲完啊，你在路上走，许多人也在路上走，你打着灯笼，别人可以看到你，就不会把你撞倒了。"盲人一想，对呀，是自己错怪亲戚了。

有些时候一些人也听别人说话，但只听好的，不听坏的。听到符合自己心意的赞美之辞，就眉飞色舞，沾沾自喜；听到批评的语言就会暴跳如雷，总认为别人和他过不去。"兼听则明，偏听则暗"，会不会听，善不善于听，其实是一门很深的学问。

会听，善听，就可以广泛听取各方面的意见，就能明智达理。不会听，或只听一面之词，就了解不到真实的情况，就会糊涂。提高听的艺术，还要提高自己分辨是非的能力，善于听反面的意见，良药苦口利于病，忠言逆耳利于行。

这样的道理，用在客服工作中，客服人员一定要重视在与顾客的沟通中，传递信息固然重要，但更要注重聆听。苏格拉底说过："自然赋予我们人类一张嘴，两只耳朵，也就是让我们多听少说。"

对于客服人员来说，无论是采取哪种倾听方式，在倾听的过程中，要注意不要随意插话。交谈中不应当随便打断别人的话，要尽量让对方把话说完再发表自己的看法。如确实想要插话，应向对方打招呼："对不起，我插一句行吗？"但所插之言不可冗长，一两句点到即可。

插话时，态度要认真。如果你在插话时，表现得漫不经心或者说些与对方所讲的无关的话题，都是非常错误的。

(1) 打断别人说话

在酒店服务中，经常出现下面这样的情况。

小李对领班说："昨天有个顾客反馈，说我们有一道菜上得有点慢……"

还没等小李说完，领班就打断说："等一下，什么叫慢？昨天我一直在现场，我觉得我们的菜上得挺快的。再说了，我觉得大家昨天都忙忙碌碌的，怎么会有顾客这么说呢？"

那么，在倾听的过程中，我们有没有随意打断别人说话？如果我们经常这样做，那就要注意了，因为打断别人说话，我们就听不到他本来想要表达的意思了。

(2) 经常改变话题

再接着上面的案例，领班对后厨小李说："我发现最近××菜的质量挺好的，我们应该……"

小李说:"领班,我刚才说有一个顾客投诉的事情,不知道怎么解决。"

领班说:"小李,我前几天跟你聊天的时候就说了,你们要做好微笑服务,可为什么你们的微笑露不出八颗牙呢?"

小李说:"领班,刚才我说的投诉那件事情你还没告诉我呢。"

……

这位领班和后厨小李总是找不到共同的话题,不能针对一个问题去探讨和交流,所以只能在那儿绕圈。

(3) 抑制不住个人的偏见

小李找到领班说:"领班,我今天想请半天假。"

领班脸色马上拉下来:"小李,我不是不准你假,上个月你已经请了两个半天了,这个月你又请半天。我这样说你别不爱听,我觉得你总喜欢找一些理由请假,一会儿说妈妈生病了,一会儿说自己感冒了,我觉得你状态挺好的啊。大家都挺忙碌的,你没发现这两天婚宴都是一个又一个去订吗?你没发现这两天都在排队吗?你看你又请假……"

这位领班是不是带着个人偏见,是不是带着个人想法?他怎么知道小李肯定是找借口请假?所以人们一定要客观地看问题,深入地去了解,不要对对方有偏见。

(4) 急于下结论

小张在向领班汇报工作,看领班很忙,便停了下来。

领班说:"你说吧,我听着呢。你刚才说顾客投诉菜里有根头发,我明白了,肯定是后厨的原因。他们的帽子破了两个洞,能不掉头发进去吗？我早就让他们买新帽子了。这事跟你们没关系，我回头就找后厨，让厨师长跟他们交流交流。"

很多人觉得自己的时间紧，急于下结论。试问一下，你对问题做过调查了吗？你知道对方正想说什么吗？你知道对方心中表达的意思吗？

所以一定要静下心来，专注地去倾听，看看对方说了些什么，问题到底出在哪儿。

（5）注意力分散

领班："小张你说吧，我听着呢。"

小张："我感觉大家好像不怎么团结，离心离德，互不帮助。"

领班这时显得不耐烦了："是吗？我天天强调要互相帮助，怎么会呢？"

在这个交流中，这位领班一开始是挺好的，可一旦小张提及一些敏感的话题，他的注意力就不放在问题本身了，立刻分散了。其实，小张说的"大家"指的一定就是整个团队吗？他的意思一定就是团队不团结吗？不是的。所以我们要先弄明白小张的意思。"是这样的，领班，我昨天让小王帮我搬一下凳子，他说自己很忙，就是不帮我。"这时我们是不是就明白了，原来问题出在小王身上。

总之，要做一名好的倾听者，需要做到以下几点：专注地听对方讲话；站在对方立场，不要打断讲话人；善于使用鼓励性的言辞，然后做眼神交流，或赞许地点点头；善于确认自己所理解的，是否就是对方的意思；避免使用情绪性的言辞；不要急于下结论；善于以提问和复述的方式来表达感受，并归纳总结。

6. 言由心生：听其声，识其人

众所周知，每个人的说话声音都有各自明显的特点，不同的声音能将说话者内心的感情色彩在不经意间流露出来。换句话说，每个人在说话的时候已经向外界表达和传递了说话者非常复杂的内心情感，这也就是所谓的"音色"。

客服人员可以通过它，观察出不同顾客的性格特点及他们内心的秘密。下面，我们就来看看不同音色代表的不同性情。

(1) 说话锋锐严厉的人

在工作中，客服人员经常会遇到这样一类人。他们说话大多带有讽刺和攻击性，他们只要发现谁有不对的地方，总是会毫不留情地说出来，绝不会考虑对方的感受。这种类型的人往往洞察力和眼光都比较敏锐，所以看问题通常都能一针见血。不过这类人也有缺点，他们做事总是急于求成，因此，很容易使自己陷入某种困境之中而无法自拔。

(2) 说话大气的人

这种类型的顾客多有比较强烈的好奇心，而且思想缜密、眼光独特，常常会有一些出人意料的高见。他们敢于创新，并且对新鲜事物的接受能力很快。不过，在为人处事方面似乎有些欠缺，人际关系的处理上显得不是很圆滑，所以常会导致自己被人孤立。

(3) 说话声音平铺直叙

说话声音平铺直叙的人一般为男性,这种人通常性格比较内向。平时,他们大多都沉默寡言,对人对事都比较冷淡,缺乏激情。

这种类型的顾客不善于用言语将自己内心的情感表达出来,因此,在别人的眼中,他们堪称是一个"冷血动物"。不过,他们做事之前都会经过周密的思考,没有十拿九稳的把握他们不会轻易去行动。

(4) 说话浮躁的人

客服人员经常会遇到这种类型的顾客,他们做事比较轻浮,就连说话也是如此。他们多脾气暴躁,做事缺乏冷静的思考和周密的安排,多半是凭着自己一时的冲动去行动。除此之外,这类人又缺乏耐性,不能循序渐进地稳步前进,做事总是急于求成。因此,往往结果多是不尽如人意,欲速则不达。

(5) 说话唉声叹气的人

在工作中,有这么一类顾客,他们在说话的时候总喜欢唉声叹气的,这种人大多自卑心比较强。他们的心理承受能力相当差,尤其是遇到挫折或遭遇失败的时候,他们就会完全丧失信心,甚至有时会一蹶不振。更为可悲的是,这类型的人不会在失败中找出根本原因,而是不断地找客观理由来为安慰自己。他们时常哀叹自己的不幸,却以他人更大的不幸来平衡自己。

总之,客服人员在与顾客的交谈中,识破对方的个性,听懂对方的声音是关键。因此,在与顾客交流的时候,客服人员不妨多关注对方的声音规律，这样，更容易使自己发现和掌握顾客的个性和心理。其实，语言不仅是最重要的交际工具，在很大程度上也是心灵的表现，反映一个人的魅力和性格特点。所以说，想要抓住对方的"心"，还是先要抓住对方的音，从对方的声音中解读对方的心理密码。

7. 习惯成自然：通过口头禅看其个性特征

刘恒是某汽车公司新上任的客服经理。他们公司有规定，业务员每谈好一个单子，需要经过客服经理亲自去和顾客签约。这不，上个星期业务员小张谈下了一个单子，刘恒和顾客约好了周一两个人见面。

刘恒和顾客谈判的当天，对方与刘恒谈话后，却始终找理由推辞签约，当时刘恒也没在意，但后来意外却发生了。

对方取消了这次合约，原因很简单，对方是这样回复的："你们的客服经理在跟我谈话的过程中，总是说'我跟你说啊，你别和其他人讲我们以这么低的价格和您签约'，而且一直不停地重复，这让我很反感。这次咱们真的没法合作下去，我对你们的诚信度已经大打折扣，希望以后有机会再与贵公司合作。"

当客服人员与顾客交流的时候，往往会有意无意高度频繁地使用某些词语，这些词就被人们称之为"口头禅"。每个人都有属于自己的口头禅，从心理学角度来说，口头禅在某种程度上，代表了人们的心理变化，反映了人们的一种情绪，也间接地反映了人们的性格特点。

口头禅是外界的信息经过内心的心理加工，从而形成了一种固定的语言反应模式，因此便会脱口而出。客服人员在与顾客相处的时候，只要仔细留意说话人的口头禅，可以从这个人的口头禅中窥见这个人的真实内心世界。

下面就来介绍一些常见的口头禅代表的心理情况。

(1) 经常说"不"的人——心软

通常情况下,说"不"的多数是女性。经常说"不"的女人,往往都比较善良,也是为人处事的一种体现。

面对经常说"不"的女性顾客,客服人员一般情况下不要和她们较劲,因为她们口是心非。同样的道理,在生活中,一旦男人遇到这样的女人,千万不要与之争执,这样结果反而会更糟糕。聪明的男人面对这样的女人时,不妨来点"糖衣炮弹",效果可能就略显不同了。

(2) 常常把"绝对"挂在嘴边的人——主观

在工作中,客服人员不难听见有些顾客说"绝对……"。这种类型的人,通常情况下都是以自我为中心,自信心十足,并且大多数都有一种自爱的倾向。而且他们性格倔强,好面子,不好与之相处,这种人往往也很难成大事。经常说"绝对"的人,他们通常是死要面子活受罪类型,一般来讲,他们这样说的目的是为了维护自己的尊严。

客服人员与顾客交谈之间,难免会出现"绝对"这个词。但是满口都是这样的"绝对"的人,他们的话最好是不要太相信,因为使用的频率过高,难免会让人产生怀疑。

(3) 总是说"我知道"的人——代表着拒绝的意思

作为客服人员,在客服工作当中,你是否遇到过这样的顾客。当你说了上句,还没有说下句的时候,他们总说:"我知道了。"相信现实中的人,没有几个人是所谓的天才,你说上句他便知道下句。如果客服人员只说出了一句话,顾客便回答"我知道了"这之类的话,说明顾客并不想听接下来的话，也代表着拒绝的意思。

在与顾客谈话中，当你听到对方这样的话时，你也没有必要再接着讲了，就算你费九牛二虎之力也是白费，因为顾客已经有拒绝的意思了。

(4) 满口都说"对啊"的人——会算计

在工作中，客服人员留意观察顾客的言谈举止就会发现，总有那么一些人希望所有人都按照自己的意愿行事。也正是因为有这一类人的存在，所以才有另外一类人的出现：他们嘴边挂着"对啊"，表面上看是同意对方的看法，而实际上这并不是他们的心里话。

不过，虽然不是自己心里所想，但是这样说可以营造和谐的气氛，而且还可以使自己成为备受瞩目的焦点。事实上，表面上以"对啊"来迎合别人的人，背后却在为自己的利益打着小算盘呢。

(5) 喜欢说"我只告诉你"的人——幼稚

我们从小就学过"掩耳盗铃"这个故事，其实现实中，这样的人不在少数。从心理学上来讲，一个人要想将一个藏在自己心中的秘密一直隐藏下去并不是一件简单的事情，都会有企图告诉他人的冲动和欲望。事实也证明，当某个人心里藏着一个秘密的时候，他会觉得压力很大，而且心理负担也很沉重。不过如果将这个秘密告诉别人，这个心理压力感就会很快消失。将藏在心里的秘密告诉他人没错，但是当你将秘密告诉他人之时，你就不要再三地叮嘱不要将此信息转告他人。这样做你也只能算是掩耳盗铃，让大家离你越来越远，而且还会觉得你是不可靠的，也是不值得信任的人。

(6) 经常带"对吧"的人——不自信

客服人员在给某顾客推荐自己的产品，说到产品的每条优点时，顾客总是来上这么一句"对吗""是吧"。

其实这种人也很多，他们为什么会喜欢这样说呢？

"对吧"是疑问的口气，反映的是一个人的不自信。他们在谈话当中，总会加上"是吧""对吧"这样的疑问词，体现出他们对自己并不是很自信，往往让别人来肯定自己，得到心理上的满足。客服人员与这种类型的顾客交谈时，要多给他们鼓励的话语，让他们找到自信。

通过倾听，注意到顾客的口头禅的背后表现的是他们真实的内心世界，是心理宣泄的一种语言方式。口头禅在人们的无意识中将人们的真实的内心世界诠释得淋漓尽致。想要更好地了解一个人，不妨从他的口头禅入手。无论是生活中，还是工作中，只有更好地了解对方，做到知己知彼，办事方能游刃有余。

8. 你知道顾客的话外音吗？

客服人员要善于倾听。听什么呢？

首先，要听顾客说什么。你要记清楚顾客跟你讲过的话。不要顾客一讲完，你再问人家，你刚才说什么。如果真发生这样的事，不仅会尴尬，还让顾客感到你不重视他。

其次，要听顾客不想说什么。有些顾客，就是有自己不想讲的话。这时，你就要从他的讲话中听出他的话中之话、弦外之音，要懂得旁敲侧击。

人们常说，读人要读心，读心要学会"倾听"。

打个比方来说，假如你是单位的领导，有员工走进办公室然后对你说道："领导，我快要累死了，这几天我都是加班到 10 点多才回家，整个人特别疲惫。"身为经理的你，听了这样的话，你是否发现里面的隐藏的信息呢？

那人想要传达的信息无非有两种：第一是想让你对他的工作给予肯定，害怕自己会丢掉这份工作，所以希望通过这种方式来间接地反映自己是一个尽职尽责的员工，希望得到领导的肯定。这包含的第二层意思就是：现在工作压力很大，而且人手又不够，一个人做两个人的工作，所以间接地告诉你，现在的工作量太重了。

不善于直接表达自己观点的人，通常都喜欢通过话外之音，将自己内心的真实想法更好地传递给对方。而对于不善于倾听对方弦外之音的人来讲，这似乎并不是一件容易的事情。其实，要想准确地捕捉他人的弦外之音也不是什么难为之事，我们在言谈中不妨从以下几个方面来留意：

(1) 要留心对方的措辞

当你有事要请求他人帮忙时,对方如果这样回答:"我能力不够,其实小 A 更适合""我真的忙不过来",此时,你应该仔细揣摩对方的心理,对方这是委婉地拒绝。

通常情况下,如果对方喜欢说"应该、一定要、必然会",那么这类人一般都有很好的判断力,自信心十足,头脑冷静。

如果对方喜欢说"可能是、也许会、大概是、差不多",那么这一类型的人一般自我防范意识特别强烈,做事老练,人际关系处理方面也不错。

(2) 善于分析对方话语的意思

一般来说,只要你善于揣摩话题和说话者本身的关联性,就很容易从中获得意想不到的信息。

不管是工作中,还是生活中,要善于听取弦外之音,这是听人说话的技巧之一。从这些弦外之音中我们可以听出他们的真实用意,这是我们在社交上所要具备的一项能力。

第五章 | **不同顾客的心理，你懂吗？**

服务就是客服人员与顾客之间心与心的交流。

一名优秀的客服人员，可能会是一个厉害的心理学家。因为给顾客提供优质的服务，就是客服人员与顾客心灵碰撞与交锋的结果。顾客之所以选择你的服务，是因为你这个人和你的心。很难想象，一个不喜欢你的人会购买你的产品。

因此对于线上线下的客服人员来说，了解顾客心理是做好服务工作的重中之重。要操控顾客的心理，就要多与顾客沟通，多观察顾客，了解顾客的真实需求。从工作的第一天开始，急顾客之所急，想顾客之所想，才能赚到顾客兜里的钱。

1. 没人会狠心拒绝热情的人

我们都有一个常识，让顾客不满意的原因，往往是因为客服人员冷漠的态度。什么叫冷漠的态度？

我们不妨来看这样一个故事来理解：

有一次，某公司的杜总带朋友去深圳一家大酒楼吃饭。在不远处，他们就看到酒楼的门口站着几位形象良好，穿着旗袍的漂亮迎宾小姐，腰间还斜挂一红丝带，上面写着"欢迎光临"。杜总心想，这样高级的酒楼，这样形象好的迎宾小姐，她们一定会热情欢迎我们的，服务态度也会不错的。

当杜总和朋友向她们迎面走过去的时候，那几个迎宾小姐就参差不齐地说："欢迎光临。"还做了一个僵硬的动作——"里面请"，可是她们脸上却一点笑容都没有，给人的感觉像是站在那里受罪一样。

请你想一想，她们这样子是在欢迎顾客吗？

冷漠的态度拒人于千里之外。她们的言语和动作给人的感觉就是——想吃就快去吃吧，快吃快走吧，我们要下班啦！总之，她们的肢体动作、表情、眼神、说话的语调完全在告诉顾客：她们很不欢迎顾客去吃饭。试问一下，遇到这样的服务人员，你吃饭的心情是不是大打折扣呢？

其实，这种冷漠的服务态度，在我们的生活中也随处可见。

走进柜台，会发现客服人员对你爱理不理的，顾客来了，他坐在那看他的小说、打他的游戏、讲他的电话，甚至是看到你一眼之后，他也懒得理你。还有一种情况，有些客服人员看到店里生意比较冷清的时候，就会手托着下巴，在那边发呆，顾客来了，他都不知道。

在生活中，你有没有遇到这样的客服人员呢？看到这样的客服人员，你愿不愿跟他买东西呢？倘若旁边有别的选择，我相信你一定不会在他那家店买东西，对不对？

如果你想在市场竞争中超越所有的同行和竞争对手，你就要先把服务态度搞好。如果你能做这一点，你就能吸引你这个市场内所有的顾客跟你做生意。当你的竞争对手意识到这一点的时候，你已经稳操胜券了，你已经用服务赢得顾客的青睐了。

从顾客的心理角度来说，没人会狠心拒绝热情的人，而有一个冷漠的态度，怎么可能把客服工作做好？

对于客服人员来说，要用热情来引爆你的业绩。

比如，网络客服在接收到顾客发来的第一条消息的时候，一定要在十秒之内迅速做出反应，千万不要让顾客等的时间过长。这就是一种热情的工作态度。

欢迎语要包括自我介绍，通常为："您好，欢迎光临，我是客服xx，很高兴为您服务，请问有什么可以为您效劳的呢？（+笑脸/可爱表情）"

热情是一种强劲的激动情绪，一种对人、事、物和信仰的强烈情感。热情会给你的工作带来最好的生产力，同时会使你的生活洋溢出浪漫、温馨的气息。一个人可以没有金钱，但他不能没有精神；一个人可以没有权势，但他不能没有生活的热情。爱默生说："人要是没有热情是干不成大事业的。"大诗人乌尔曼也说过："年年岁岁只在你的额头上留下皱纹，但如果你在生活中缺少热情，你的心灵就将布满皱纹。"

一个对工作缺乏热情的人，一定是一个无精打采的人，即使所有的机会都来到身边，他也会稀里糊涂地把它们丧失殆尽。这样的人，人生的目标只是过一天算一天，他们不断地抱怨环境、抱怨同事、抱怨工作，在工作中不思进取，在生活中不求上进，不由得陷入职业的困境中。

要想摆脱这样的困境，唯一的办法就是唤起自己的工作热情，带着热情和信心去工作。一个充满工作热情的人，会保持高度的自觉，把全身的每一个细胞都调动起来，快乐地工作，愉悦地与同事相处。

对于客服人员来说，热情不是对顾客虚情假意，热情是发自内心的，是从心中油然而生地对人友好、友善、热爱。

热情可以获得友谊，对一个人热情，就等于你在生活中多交了一位好友。热情无疑是我们人生中最重要的品质，它是一个人生存和发展的根本，是我们潜在的财富。没有热情，生命的天空就会没有色彩。

热情的人容易成功，而冷漠的人不会有成功的人生，因为他的冷漠不仅营造不了成功的环境，反而禁锢了自己的心灵，也就禁锢了一双飞翔的翅膀。热情的人容易快乐，因为他时刻用欣喜的眼光来看待身边的人和事。让热情成为一种习惯，你的人生将充满阳光和乐趣！

2. 寻找顾客的利益点

顾客服务工作，就是为顾客提供各种便利，是为顾客实现利益的一份工作。客服人员若要服务好顾客，将产品顺利销售出去，就要寻找到顾客的利益点，将企业产品的特点与顾客的利益点联系起来，以此作为顾客服务的关键点。

每一样企业产品都有其独具的特性，这些特性就是企业产品的优点，也是顾客的某一利益点。比如，顾客选择物美价廉，或者高档典雅的服务，客服人员要能够根据一些不同的特点选择适合的服务，从而满足顾客的需求。

客服人员要推敲顾客的特殊需求，以找到顾客的利益点。每一个顾客对企业产品的需求或多或少都有些不一样，特别是一些特殊的顾客，需要特殊的利益。这就是顾客的特殊需求，这就是顾客不同的利益点。

要做到这一点，一般要通过如下步骤来找到：从事实调查中发掘顾客的特殊需求；从询问技巧中发掘顾客的特殊要求；介绍企业产品的特性，向顾客说明这种产品的特点；介绍企业产品的优点，向顾客说明产品的功能及其产品优点；介绍企业产品的特殊利益，向顾客阐述这种产品能满足顾客的特殊需求，能满足顾客的特殊利益。

（1）满足象征顾客地位的产品

很多顾客会比较注重企业的整体形象，比如说，企业产品的价格、性能、个性特征，特别是名气。

针对这些顾客，客服人员不妨从此处着手试探其最关心的利益点是否在此。

(2) 满足顾客安全、安心的企业产品

地沟油问题、疯牛病问题、烤鸡苏丹红等许多质量问题屡屡被人们在网上爆出，人们越来越关注食品安全问题。安全、安心也是很多顾客选购食品的经常会考虑的因素之一。

(3) 兴趣、嗜好是不可忽视的一个重点

很多顾客将自己的兴趣、嗜好与产品结合在一起。只要客服人员能够抓住这种心理需求，就一定能够让顾客与企业双方受益。

(4) 优质的服务也是顾客选择的重要因素

一个服务较好的企业会吸引顾客络绎不绝地前来，服务质量也是顾客关心的利益点之一。

(5) 价格是顾客选购产品的最重要理由之一

有的顾客对价格非常重视，若是这样的顾客，客服人员可向他推荐在价格上能满足他的产品。否则你只能找出更多的特殊利益以提升产品的价值，使他认为值得购买。

价格是商品的货币表现形式，商品的价格直接影响到消费者心理和判断，也就是决定着消费者的购买意向和购买数量。在谈到商品的价格问题时，谈得好就是成交的前兆；谈不好，就是失败的信号。

3. 让顾客满意，增加快乐体验

客服工作如何让顾客满意？

作为客服人员来说，工作意味着责任。岗位意味着任务，而能不能担当责任，从工作中的点点滴滴就能看出来。

"小王，我看你提升为领班后，总体感觉还不错。就是在带队伍上，总是找不到方法，员工好像不是很团结。"

"经理，其实我也想带好队伍。可是员工不配合我，而且他们素质也差，我实在是没有办法。"

小王是一家酒店刚被提升的领班，工作不理想，当经理找他谈话时，他说是员工不配合、员工素质差等原因造成的。经理希望他不要强调客观理由，他却认为自己已经尽力了。鉴于小王的表现，在今后的工作中，小王会有进步吗？当然不会，因为小王缺乏责任感。

工作意味着责任，岗位意味着任务。作为领班，你首先要担当起自己的责任，善于从自己身上找原因。指出别人的错误很容易，发现和改正自己的错误却很难。不妨努力监督自己，凡事开口就说"这是我的责任"。慢慢地，你就会发现自己不再指责抱怨别人了，不再原地踏步了，而是取得进步了。

那么，不论是线上还是线下的客服人员，怎样来提高自己的责任意识？下面是我的一些建议和想法。

（1）在工作面前，只有认真，没有抱怨

在工作中，很多客服人员仿佛已经抱怨成习惯了，动不动就抱怨。要么抱怨老板不公平；要么抱怨同事不配合；要么抱怨顾客太挑剔；要么抱怨顾客素质差……

在工作面前，只有认真，没有抱怨。要抱着认真的态度，先检讨检讨自己，多问问自己的责任是什么、自己能否肩负起这份责任。这样，我们就不会有这么多的抱怨了。

（2）在顾客面前，只有细致，没有马虎

如果干什么都马马虎虎的，还能让顾客满意吗？当然不能。所以，对待顾客，一定要用心。

（3）在团队面前，只有"我们"，没有"他们"

企业是一个整体，一个大家庭，你做销售、我做客服、他搞生产等，大家只是分工不分家。但是，很多客服部门的员工在开会的时候会说"他们部门怎么怎么样""都是他们生产部的责任""那是他们的事"等，经常把"他们"挂嘴边。

说"我们"，代表大家是一个整体，是一家人。而说"他们"，关系就疏远了。所以客服人员要明白，在团队面前，只有"我们"，没有"他们"。因为"我们"比"他们"要具有亲和力。

（4）在错误面前，只有"是我的错"，没有"我以为"

很多客服人员在错误面前，喜欢说"我以为"。这是一种推卸责任的表现。在错误面前，要勇于承担责任，大声说"是我的错"。

（5）在任务面前，只有"怎么才能"，没有"怎么可能"

"怎么才能"表示在想办法，"怎么可能"表示在推卸责任。当领导给你布置任务的时候，你是什么样的态度？首先想的是"怎么才能"，还是"怎么可能"？

一个不管在什么情况下都能严格执行上司命令的员工，一定是一个充满使命感的员工。但是，一个充满使命感的员工却不一定能把一份工作做好，要想把工作做好，他还需要有对工作的责任感。

也就是说，责任感才是执行到位的基础。没有好的执行，如何保障顾客的满意度？责任感的真实含义其实就是主动性。毫无疑问，所有的上司都希望自己的手下在工作的时候能够主动、主动、再主动。

但我们看到的实际情况是，除了那些对自己的职业生涯有明确规划的员工，其他的员工基本上不会出现"主动工作"的状况。更甚者，即使在上司的监视下，也会"能少干就少干，能不干就不干"。

是什么造成了这种现象？答案就是责任感的缺失。一个连自己的职责都不清楚的员工，必定无法做好工作。同样，一个不能时刻牢记自己职责的员工，也无法把工作做好。

要想牢记自己的工作职责，就需要具备岗位意识。

所谓岗位意识，就是明确自己在工作中的职责和角色，知道哪些是必须要做的，哪些是不能做的。简单地说，岗位意识就是你要知道"我是干什么活的"。如果你是一名客服人员，你就应该清楚地了解自己如何服务好顾客。

任何一个岗位都包含了责任、权利和义务这三个要素。有多大权利就要承担多大责任，有多大的权利和责任就要尽多大的义务，这三者是一个整体，无法分开。如果不明确自己的岗位职责，就无法给自己定位，不知道该干什么，更不知道该怎么干，干到什么程度。

不管是客服人员的责任感，还是服务意识，最终的目的就是让顾客满意，甚至超出顾客的期望。

接下来，我要跟大家分享一条世界上最重要的成功的秘诀。

不论你是作为生意人，还是作为一名普通的客服人员；不论你是作为丈夫，还是作为一名妻子；不论你是作为一名老师，还是作为学生；不论你为人父母，还是为人儿女……任何人要取得成功，都必须要知道这个世界上成功最重要的秘诀。到底是什么呢？答案是快乐与痛苦。

因为每个人生来都有一种本能去追求快乐和逃离痛苦，他做任何事的目的都是因为他做了这件事能得到快乐或者是能避开痛苦的感觉。

人都是要追求快乐和逃离痛苦的。弄懂了这个道理，你就明白了做客服工作的真谛。你给顾客提供的服务，也是为了追求快乐和远离痛苦的。如果你在服务过程中，能让顾客感到快乐，他就会愿意购买你的产品；如果你让他感到的是一种痛苦，他就会为了避开痛苦而离开你。

真理至简，或许你会说这么简单的道理谁不懂。可是，为什么市场上还有那么多服务不好的生意人呢？还有这么多服务不好的企业呢？还有这么多服务不好的客服人员呢？下面，我们就对此做深入的分析和探讨。

从成功到失败有三部曲。在创业的时候，大家从早到晚都很努力地、如履薄冰地服务每一个顾客，最终，这让你的生意起步了。我相信每一个生意人刚开始创业的时候，都是这样的心态。但是随着生意的扩大，你开始赚到钱了，你忘记了要给顾客一个快乐的结果了。可能是因为你太忙，也可能是因为你赚到钱，你不太重视"要亲自服务每一个顾客，让每一个顾客快乐"这样的结果了。

因为你不太重视这个结果，而导致了你对个别顾客投诉、抱怨都不在意。你可能会这样想：我现在生意很好，不差这一两个顾客，不差这一两百元。像这样的情况，我称它为成功导致自满。在自满之后，你忽略了倾听顾客的声音，顾客就慢慢离去。随着顾客的离开，不好的口碑也慢慢传出来了。虽然一两个顾客，不会让你的生意在一时之间遭受倒闭的威胁。但是，时间一久，你就发现越来越多的顾客跑去跟竞争对手买东西。可是，你还不知道其中的原因。等问题严重时，你就跟第一线顾客接触，希望能了解到原因，结果你只找一些表面原因。至少其中的根本、核心的原因，你一点也不知道。最后，你只能眼睁睁地看着你的生意清淡了。当顾客离去之后，你的生意就因为顾客的离去而下滑。

所以，服务好每一个顾客是一个生意人永远应该保持的心态。你要记住这个公式：行为产生结果，之后行为决定于之前行为之结果，被奖励的行为会持续。任何一个行为只要得到快乐了，我们统称为奖励。在管理学上也一样，任何一个行为得到了一个奖励，他下次就会再想出现这个行为；又得到了一个奖励，他下次就会长期不断地想出现同样的行为。无论是在管理员工方面，还是顾客服务方面，都可以运用这个原理。

你希不希望你的顾客进你的公司或光顾你的网店之后，就跟你买东西呢？答案是每个人都会说，当然希望。既然大家都这么希望，那在顾客买东西这个行为产生之后，你有没有给他快乐，你有没有奖励他？如果没有，顾客怎么知道跟你买东西是一种快乐呢？那他下次怎么会再想跟你买东西呢？如果他买了东西你给他快乐，他下次还想得到这种快乐，他还是会跟你买东西的。

再说，你希不希望你的顾客帮你介绍新顾客？每个人都会说希望。那请问，老顾客帮你介绍新顾客的时候，你有没有给他奖励？如果没有，他怎么知道帮你介绍新顾客是一个好行为？所以，他下次就不再帮你了。

你希不希望你的顾客当回头客，重复消费，再度上门或者再次到你的网店购买呢？如果希望的话，你有没有在他再度上门的时候，给他奖励？如果没有，他就不知道你喜欢他再度上门，也就不会再次光临了。当顾客再度上门的时候，你给他一种快乐，让他愿意多次上门。

你希不希望路过你店里的顾客，进来看一看，摸一摸，问一问呢？或者到你的网店浏览你的产品，有疑问就向你求教呢？如果希望的话，你在他进来之后，有没有给一个奖励？如果你对这些只是进来看看的顾客很冷漠，那他进来一次后，还会不会想再来呢？虽然他没买你的东西，但是他进门，就是一个服务的机会。所以这时你应该站起，笑着欢迎他进门，请他随便看看，问他需不需要介绍，问他要不要喝水等等，这些都是对他进门的奖励。我称这个行为、反应为奖励。因为这个行为会让顾客快乐，表示你欢迎他，喜欢他上门。他会有受尊敬的感觉。这种感觉就统称为快乐。

4. 让顾客快乐的五件事

增加用户体验，让用户感到快乐，你的生意自然而来。那么，应该怎么做呢？线上线下客服人员主要考虑做好五件事情。

第一件事：了解顾客为什么抱怨。即使你的服务再好，顾客还是会找出你的问题、缺点、毛病。那么，是不是因为这样，你就对顾客的抱怨置之不理呢？对于顾客没完没了的抱怨，你应该这样想：服务好顾客就是我的工作，即使我服务得再好，顾客都会有抱怨。这等于是给我进步的空间，等于是让我不断靠近完美的方法，等于是不断鞭策我们继续吸引顾客，留住顾客的一条鞭子。

我感谢顾客的抱怨，欢迎顾客的抱怨，我愿意倾听顾客的抱怨。当你这样去主动了解、倾听顾客抱怨的时候，顾客就会开心了。因为你在倾听，就表明你重视和在乎顾客。倾听顾客的抱怨，除了要竖起你的耳朵外，还设置其他的途径接受顾客的抱怨之声。比如，投诉信箱、投诉电话、反馈意见、顾客满意度调查表等。

对于顾客的这些抱怨，你要认真对待，而不要畏惧。不要顾客一抱怨，你就感到麻烦、讨厌。你要时刻记住顾客的抱怨能带给你两大好处：首先，他给了你一个重新让他满意的机会。其次，他给了你一个改善的机会。你要愿意去听他的抱怨，他就是你最好的老师。

第二件事：要解除顾客的抱怨。既然已经了解了顾客的抱怨，找到了顾客抱怨的原因，就要想办法解除顾客的抱怨。

解除顾客抱怨有一个原则，就是顾客的抱怨当场解除。如果你当场解决了顾客的抱怨，95%不满意的人会再度光临。如果你拖延解决的话，顾客会感到不快乐而默默离开。一旦你了解了顾客的抱怨，你就马上给他一个满意的回答或者想办法让他回心转意。否则，你所做的第一件事——了解顾客的抱怨，就会显得毫无意义。

第三件事：了解顾客的需求是什么。那么，如何了解顾客的需求呢？现举例说明：

王总开了一家餐厅，生意相当不错。但是为了让顾客满意，为了让顾客在他的餐厅用餐快乐，他做了一份问卷调查，希望通过调查了解顾客的需求。这份问卷都是一些开放性的问题，比如：我们店里菜色怎么样？服务怎么样？你感觉甜品怎么样？环境怎么样？你还有没有什么需要是我们没做到的？

他每天就这样发问卷给那些来吃饭的顾客，最后把问卷都收回统计。结果显示，大部分顾客对该餐厅的菜色、服务等都很满意。但令他意外的是，竟然有一部分消费额高的顾客说，餐厅附近的停车位太难找了，如果能有代客停车服务就会更好。

于是，王总就紧紧地抓住了顾客的这个特殊需求，并立刻研究出解决方案。他在餐厅门口设置一个代客停车位置，等顾客开车过来吃饭时，他就请人专门在那帮顾客把车停到附近的停车场去，然后等顾客吃完饭准备买单时，就会把车开过来给顾客，而且停车费由该餐厅负担。就这么一个小小的动作，只是增加了一个代客停车位置，就让餐厅的业绩翻了一番。因为有了这个小小的方便后，那些高消费者更愿意来这里吃饭。

从这案例中，你能发现王总赚钱的秘诀吗？那就是了解顾客的需求，了解顾客还有哪些需求是没被满足的。

在经营的过程，你需要常常这样问自己，顾客还有哪些需求是没有被满足的？想一想，如果能把顾客未被满足的需求挖掘出来，这不就等于你挖到一个利润增长点一样，只要你愿意去供应这样的服务满足顾客的需求，你的业绩就开始增长。

顾客没被满足的需求让你挖到了，那你接下来要怎么做呢？没错，就是满足顾客的需求。

第四件事：满足顾客的需求。那么，如何满足顾客的需求呢？下面，举例来说明一下：

有一家五星级饭店叫亚都饭店，它的设备陈旧，但生意非常好。为什么生意会这么好呢？让我们先看看这家有口皆碑的饭店是怎么经营的。

走进这家饭店的咖啡厅，在你坐下不到一分钟，就有服务员给你送来冰水或者热饮，如果你一口气就喝了一半，不到30秒就有人给你倒满。在夏天，咖啡厅空调冷气开得很大，而有的女士穿得比较凉快，所以她们一坐下来，就感到冷。这时，没等到顾客提要求，就有人发现顾客的需求了，并会走过问："这位女士，要不要披肩？"如果有男士伸手进口袋取烟，就有人在不到10秒钟里靠近你身边，准备好了打火机。等你把烟一掏出来，他就会帮你点火。

总之，在这里只要你有需求，他们几乎都满足。并且在你还没开口提出要求时，就有人到你面前来提供相应的服务了。如果你发现有这样的五星级饭店的咖啡厅，你会不会想去试试看呢？

事实证明，当很多人听到口碑这么好的咖啡厅，都想去亚都饭店尝试一下，所以饭店的咖啡厅天天客满。而住房方面，亚都饭店也是尽一切可能满足顾客的需求。

比如，顾客想换床，他们就立刻帮你换。如果你有特别的要求，比如你想特别的方位或者特别的盥洗用品等，他们一律都满足你。只要顾客有要求，他们全力满足。

让顾客快乐的五件事，我们已学会了四件。是不是将四件事做好了，顾客就会很快乐呢？不一定。随着市场竞争的白热化，很多商家都在绞尽脑汁讨顾客的欢心，加之顾客的消费意识也在不断地提高，所以顾客就越来越挑剔，需求也就越来越多了。顾客会理所当然地认为你应该给他提供满意的服务，仅仅做到这四件事，还是不足以让顾客快乐。要让顾客真正快乐，就要做第五件事，而前面的这四件事都是为顾客的快乐做铺垫的。

第五件事：超越顾客的期望。就是让顾客对你的服务发出"哇"的声音，在脑海里不断给你盖上惊叹号，从心里由衷地赞美你的服务。顾客想不到的、没有要求的，你都做到了，甚至是顾客认为你没必要做的事，你也做到了，那么你就做到了超越顾客的期望。

简而言之，就是顾客想到8分，你就要做到10分；顾客想到10分，你就要做到12分，永远做得比顾客想得还要多，就会让顾客快乐。下面，我们仍以亚都饭店为例，看看它是如何做到超越顾客的期望，进而让顾客感到快乐的。

某公司杜总曾订过亚都饭店的房。一到机场亚都饭店就有人在那等候他。杜总一下飞机，亚都饭店的一个接机员就问："你好，杜先生。是来亚都饭店的吧？我是来接你的。"

事实上，所有的饭店都会在机场设柜台接待来住宿的顾客。不同的是其他的饭店，你需要自己走到柜台去咨询他们有没有车送你到酒店。而亚都饭店是你一下飞机就有人来接你。所以，杜总一下飞机，就对亚都饭店发出"哇"的惊叹声。

接机员把杜总送到酒店后，车一停马上有人过来给他开门，并关切地问候："杜先生，您好！欢迎您来到亚都国际酒店。"这时，杜总又对亚都饭店发出"哇"的惊叹声，心想：他是怎么知道我是杜先生的啊！

其实，这也很简单，可能他们在安排接机员去接杜总的同时，告诉了这位服务员，杜总乘坐的这辆车的车牌号。所以他一看到车牌号，就知道车里面坐的人是谁。也有可能是杜总一到酒店的时候，接机员用对讲机说了，"杜先生到了"，只是杜总没注意到而已。但不管他们是用什么办法记住的，这个小小的动作和细节就让人很感动。

当杜总走进酒店时，马上有人拿毛巾跑过来，说："杜先生，您风尘仆仆来到，请用热毛巾。"拿起小小的热毛巾擦了把脸，内心无比的感动，所以杜总又发出"哇"的惊叹声。一条小小的毛巾值不了多少钱，却买到了顾客对酒店强烈的好感。所以，你认为花这点小小的钱买到顾客的快乐，值不值呢？当然是值得的，顾客因为快乐，对你印象深刻，所以他会重复消费，甚至在外面帮你传递好的口碑并替你介绍新顾客。

到了大堂的前台后，他们会在一分钟内帮你把所有的住房手续办理完，不会让你久等一分钟。他们办理手续的速度不仅快，还会让你免了排队之苦。因为亚都饭店办理手续的柜台周围设置得像咖啡厅，你办理手续只要坐着就行。

如果你是商务人士，办理完手续，走进房间后，你发现他们为你准备了一盒本地的名片放在书桌上。你一看，又发出了"哇"的惊叹声，心想：他们想得太周到了，知道你在这里谈生意需要用到本地名片。但为了保护个人隐私，名片上只印了你名字和公司名称，而地址和电话都是用亚都饭店的。

如果你带着小孩，他们就会为你准备好婴儿车、小孩床；如果是情侣来住宿，他们就会在你的房间里摆放鲜花；如果你是工程师，他们就会在房间里放好工程图纸及绘图工具。

后来，杜总打电话到六楼的餐厅去订餐。电话一接通，服务员就说：

"您好，杜先生。请问有什么可以帮到您吗？"当时，杜总很惊喜。其实，知道他是谁并不难，只要通过来电显示，就可以查到打电话的人是谁了。这种来电显示系统几乎每一家酒店都有安装，但杜总很少遇到一接电话就能喊出他名字的。

几天之后，杜总退了房，准备离开亚都饭店。刚走到大门口，门童就问他："杜先生，今天要走了啊！下次什么时候来呢？"在离开的时候，杜总又被吓了一跳，连职位这么低的门童都知道他的名字。对此，他十分好奇，于是就和这位门童聊了起来，杜总问："怎么能这么清楚地记得我？"

这位门童告诉他，只要在他们酒店住过的顾客，他都能记住他们的名字。无论是哪个国家，无论是多少年前的，只要顾客再回来，他都能叫出顾客的名字来。对他的这种说法，杜总有些质疑。正在这时，从车上下来一位外国顾客，这位外国友人一下车，门童就走过去用英文喊了他的名字。这是五年前住过他们酒店的顾客，真没想到这位门童现在还记得他的名字。当时，不仅杜总被吓了一跳，这位外国友人也被吓了一跳。外国友人对此感到又惊又喜，于是从口袋里掏出不菲的小费给这位门童。

等这位外国友人走了之后，杜总问这位门童，为何记忆力如此超强？在后来的谈话中，杜总发现并不是门童的记忆力有多强，而是亚都饭店有一套训练系统。在这里站的门童，每个人大概站岗20分钟，就休息20分钟。休息的时候，他们就会在休息室电脑上浏览顾客的资料，包括顾客的相片、姓名等。在这20分钟里，他们会强化记住顾客的相貌特征和名字，轮他们站岗的时候，他们就能熟悉地叫出顾客的名字，并让顾客由衷地发出"哇"的赞叹声。可见，服务之所以会好，就在于有一套完善的训练系统和工作流程。

……

举了这么多关于亚都饭店服务的细节，我是想告诉你好的服务不花钱，而是花心思。让顾客快乐的、惊喜的就是在他消费的整个过程中，你注意每个细节、小动作，让他时刻感到你的真心和用心。

案例当中，杜总在亚都饭店住宿的那些天里，每天都不知对饭店的服务"哇"了多少次，甚至在他离开的时候还依依不舍的。在那里，饭店的服务时刻让你感觉自己就是贵宾，饭店甚至像国王一样地招待你；在那里，你就像主人一样，饭店上上下下的人都认识你，让你倍感亲切。

现在，如果你也享受到这家五星级饭店的服务，你回来后，马上要改善的是你员工服务顾客的每一个小细节。从细节处着眼，让顾客在每个细节都对你们发出"哇"的赞叹声。记住：服务就是让顾客快乐，就是让他发出"哇"的声音。只要做到这一点，就不怕没有顾客上门消费了。

5. 如何创造顾客体验

为了进一步了解顾客体验，这里把顾客体验分为三个层次，即感官体验、使用体验、结果体验。

(1) 感官体验

感官体验是产品对顾客的视觉、听觉、触觉、嗅觉及味觉等产生感官刺激从而获得的心理感受。感官体验是顾客对产品最直接的体验，也是最容易感受到的。

(2) 使用体验

顾客在使用产品中的感受是对产品的体验。产品使用体验的目标是使产品易用、友好。比如，你去酒店体验的菜品，是否能达到顾客的需求，只有去吃过的人才懂得。网购的用品也只有使用后才能明白。

(3) 结果体验

顾客在使用产品功能之后所产生的体验，我们称之为结果体验。比如，顾客使用电饼铛或面包机做出了美味的面食，会产生出成就感，这就是典型的结果体验。

6. 顾客购物的心理阶段

作为一名出色的客服人员，除了要了解顾客的不同心理，还要了解顾客在整个购买行为中经历的心理阶段，并根据这些心理阶段来按步骤推进自己的销售行为。

虽然每个顾客的购物心理都不同，但是他们在购物之前，都要经过思想酝酿的八个阶段，而且这八个阶段对任何成交的买卖大体上都是相同的：注意→兴趣→联想→欲求→比较→决定→行动→满足。所有的客服人员只要了解了这一规律，就可以轻松掌握顾客购物时的心理变化，完成交易。

（1）注意

是指潜在顾客对商品驻足观望，或者是走进实体店观看陈列的商品，这是购买心理过程的第一阶段。如果客服人员能引起顾客对产品的注意，就意味着销售已经成功一半了。

举一个例子，李林注意到某家具店有一新款的双人床，这就是注意阶段。

（2）兴趣

对商品进行过观望的顾客，有的人离开，但也有人因为对商品感兴趣而止步。通常顾客对商品的兴趣来源于两个方面：商品本身（品牌、广告、促销海报等）和客服人员的服务（服务使顾客愉悦）。当他对商品产生兴趣时，他会触摸或翻看商品，同时也可能向客服人员咨询一些他所关心的问题。

在上面的案例中,李林通过客服人员的介绍,对双人床产生了购买的欲望,这就是兴趣阶段。

(3) 联想

顾客对商品感兴趣时,会进一步联想该商品将带给自己的种种益处:能解决哪些问题,对自己会有什么帮助等。联想决定着顾客的购买需求以及对产品的满意度,因此这一阶段对顾客的最终购买决策有着很大的影响。

在这个小案例中,李林觉得自己拥有这样一张双人床之后,躺在上面睡觉会很舒服。就是联想阶段。

(4) 欲求

顾客若将其联想延伸,就会产生购买的欲望和冲动。当顾客开始询问某种商品并对商品进行仔细端详时,就表现出他对商品非常感兴趣、有购买的欲望了。但是顾客还会产生疑虑:这对我来说是最好的吗?会不会还有比这更好的出现?

李林觉得价格比较高,虽然有购买的冲动但是仍在犹豫,这就是欲求阶段。

(5) 比较

顾客在对商品有了一定的了解之后,会将该商品与曾经看到过或了解过的同类商品进行比较、分析,以便做进一步的选择。处于比较阶段的顾客容易对供挑选的商品产生困惑,因为他们正在寻求良好的建议和指导。

如果客服人员这时候无法顺利地加以引导，也许就会将这样一名准顾客流失掉。因此，比较阶段对客服人员而言，应对技巧相当重要。

卖场客服人员对李林解释："这是刚上市的新产品，增加了新功能，价格的确是高了点儿，但确实是物超所值哦……"帮助李林下了购买决心。这就是客服人员在引导顾客进行比较的阶段。

（6）决定

经过了各种比较和思想斗争之后，大部分顾客会对商品产生信任感并决定购买。影响信任感的因素有：相信商品/企业（企业的品牌和信誉）；相信企业（商场信誉不佳会使顾客犹豫不决）；相信客服人员（客服人员的优秀服务和专业素质）。

李林经过考虑决定购买就是顾客的决定阶段。

（7）行动

即顾客下定决心购买商品，将钱交给客服人员的购买行动，是卖方期盼已久的重要时机。要想商品交易获得成功，关键一点就是要掌握交易时机，一旦时机消逝，畅销品也会变得滞销。

李林付款即为行动阶段。

（8）满足

有人认为只要收了顾客的钱，交易行为就算完全终了，实则并非如此。正确的做法是：客服人员必须将顾客所购物品包装好（当然很多家具产品个头太大，无法包装），使顾客在购物后有一种满足感。

李林购买到双人床之后，享受到卖场送货上门并安装的服务，即为顾客的满足阶段。

对于客服人员来说，如果不能摸透顾客的购物心理，就犹如在茫茫的黑夜里行走，永远只能误打误撞。所以一定要熟悉销售全流程中顾客的各种心理，让你能够轻松应对并掌握顾客的心理变化，以心攻心、见招拆招，让你进入一个"知己知彼，百战百胜"的境界，提升你的工作业绩，让你立刻跻身职场精英阶层。

7. 永远从顾客的思维角度出发

我们都知道，如果一家企业没有顾客光临，就会倒闭，因此顾客的价值是显而易见的。但是我们却不一定知道，如果没有足够数量的固定顾客，没有几家企业的经营能够维持很久。企业的生存和成功主要取决于通过优质服务留住固定顾客，而不是依赖促销手段和闪电式的销售策略吸引一次性顾客。

从顾客的思维角度出发，每个顾客都对你的服务有一定的期望。每个顾客的头脑中都有一个天平，将他得到的服务与他的期望值进行比较。如果客服人员总是照搬以往一成不变的服务模式，甚至机械化的服务流程，无法给顾客提供令人惊喜的差异化服务，就会给企业未来赢利带来不少的隐患。

顾客潜在的价值分析表明，当不满意的顾客走出店门时，他们将带走一大笔未来的生意。如果不满意的顾客把他们对企业的坏印象告诉其他人，也增加了损害未来生意总量的危险性。勒伯夫指出，不满意的顾客平均会把其对企业的不满告诉 8 至 10 个人，而每 5 个不满意的顾客中会有一个会把其不满告诉 20 个人。

对于一般的企业而言，吸引新顾客所花的费用是留住老顾客的 6 倍。其中有个问题尤其需要重视，就是在大多数情况下，顾客忠诚度的价值是交易价值的 10 倍。

对每个行业来说，吸引新顾客和新员工都是重要的。但是如果不在服务策略上投资，留住老顾客和老员工，企业不可能长久地生存下去。虽然大多数服务性企业无法留住 100% 的顾客和员工，但是追求一个较切合实际的目标，例如，80%的保留率，可以给企业带来较高的利润水平。

一个企业如何才能达到80%的保留率目标呢？有一个关于"为什么顾客离开了"的企业问卷调查中可能已经找到了线索。这次问卷调查的结果如下：

3%的顾客搬家走了；

5%的顾客与其他企业交上了朋友；

9%的顾客由于竞争的原因离开了；

14%的顾客对产品不满意；

68%的顾客因为客服人员、经理的冷漠态度而离开。

所以，如何推陈出新，打破传统的服务流程模式，增加更多忠诚的顾客是未来企业之间竞争的制胜法宝。

永远从顾客的思维角度出发，才能做好顾客需求挖掘。一个重要的前提是，建立以顾客为中心的思维方式。原因很简单，当今每个行业都竞争激烈，顾客在选择企业服务上占据了主导地位。顾客面对众多的产品和服务是如何选择的呢？

首先，顾客要看产品或服务的功能和特性是否满足自己的需求。比如，在寒冷的冬天，商场应该多一些保暖性好的外套，以方便顾客选购。

其次，顾客要看企业的服务是否值得信赖。有人问，作为一家火锅店，海底捞为什么这么火？因为海底捞的服务到位，很多顾客就是冲着这种顾客体验去的。

最后，顾客要看产品或服务是否还能满足自己更个性化的需求。比如，选择一家酒店办婚宴，这就需要酒店档次相对较高，酒店内有宽敞的空间等等。

能够最大限度地争取到顾客对客服人员的认同，是客服工作获得成功的一个至关重要的环节。得到了顾客的认同,也就表明顾客对我们的产品表示满意。产品能够满足顾客的需求,交易成功也就是顺理成章的事情了。

客服人员是否从顾客的角度去思考,能够及时抓住顾客对产品的兴趣,能否准确地将产品的优点、特点、性能等关键点介绍给顾客,能否用一套生动顺畅的语言来打动顾客,得到顾客的认同,这些是非常重要的。

以顾客为中心,可以说是广为流行和受到普遍认可的一个服务理念。然而,在客服人员的实际工作中,却常常有意无意地远离了这条理念。主要有以下三个表现:以我为中心;以老板为中心;以竞争对手为中心。

(1) 以我为中心

以我为中心,就是完全以客服人员的品位、喜好为导向,这样就会离顾客的真实需求越来越远。

(2) 以老板为中心

比起以我为中心,客服人员更棘手的问题是如何处理来自老板的想法、建议,甚至命令。客服人员需要思考的是老板是不是也是以我为中心,没有经过调研分析,拍脑袋做出决策。如果完全以老板为中心,产品或服务也很有可能远离了市场的需求。

克服以老板为中心,需要客服人员能够深入市场、接近顾客,拥有一手事实资料和数据。在此基础上,与上级或老板进行讨论,事实是最好的说服方法。当然,这需要客服人员不要有过于迎合、马首是瞻的思维模式。

(3) 以竞争对手为中心

客服人员在研究分析竞争对手的产品的时候,有时容易陷入竞争对手的思维框架中。尤其是客服人员在面对强大的竞争对手,或者是市场反应良好的竞品的时候更容易这样。

然而,可能会存在以下问题:竞争对手和本企业的实力不一样,别人能做出的,自己未必有能力做出;产品、服务等同质化严重,陷入价格竞争;当本企业模仿别人推出的新产品后,竞争对手已经降价了等等。

第六章 顾客投诉怎么办？

没有优秀的员工就没有满意的顾客，所以老板首先要做的就是先管理好员工。卓越的服务都要通过管理才能实现，并且要建立一套切实可行的评估系统，才能让员工重视服务。要想知道顾客对你是否满意，你可以从侧面去了解，这样才能了解顾客真实的想法。

1. 处理投诉的基本流程

尽管你觉得对工作非常尽心，对顾客也无比热情，但还是会遇到一些顾客对你沉着脸，或是事事与你作对，甚至投诉到你的上司那里去。到底是谁点燃了"上帝"？

顾客投诉最常见的原因有如下：

第一，因企业产品品质引起的投诉。例如，顾客对产品质量不满，会提出投诉。这种投诉是顾客合理合法的投诉，对于客服人员来说，应该实事求是地予以解决；

第二，因服务方式、态度引起的投诉。比如说，服务态度不好、服务礼仪不当、服务信誉不佳，都可能招致顾客的投诉。

没有哪一家企业能避免投诉，也没有一个投诉会无缘无故。企业只能抓住任何一次"变投诉为财富"的机会，妥善处理好顾客投诉，力争把处理投诉作为再次赢得顾客的"撒手锏"，重新树立企业形象。

客服人员在面对顾客的投诉时，需要良好的接待、应答技巧，以提高服务质量，正确的做法就是"先处理顾客的情感，再处理顾客的投诉"，而整个投诉处理的过程可以分为以下五个步骤：

(1) 聆听是面对投诉的第一步

面对顾客的投诉，客服人员保持沉默或据理力争都不可取，无益于问题的解决。要想解决问题，就要从倾听开始，让顾客把他心里要说的话说完。让顾客充分地倾诉他的不满，并以肯定的态度诚恳地听他说完，至少可以让顾客在精神上得到一丝安慰。

在倾听过程中，随意打断或者插话，可能遭到顾客的反感。如果我们一味地打断或者辩解，只会压抑别人说话的欲望，使当事者在心理上产生反抗情绪，甚至变得激动，无法控制。

倾听是我们正确解决投诉问题的第一步。倾听非常重要，因为通过倾听，我们可以进一步了解顾客的真实想法、了解问题的关键点，从而为正确地解决问题打下基础。

(2) 先道歉，你就占据了主动

顾客既然有投诉，必然有所不满。无论是什么原因，客服人员都应该先对顾客进行道歉。如果客服人员能够巧妙道歉，那么投诉事件就能得到有效的平息。相反，很可能会将事件扩大，负面影响也将扩大。

有的客服人员不服气，明明是顾客的错，我难道也要主动道歉吗？答案是肯定的。说实话，顾客的错也是我们的错，因为我们没有服务好，才导致了顾客的错。如果我们服务周到，提醒顾客该注意什么，或许顾客就不会犯错了。

只有你道歉了，才能表明你想要解决问题的态度，主动去解决顾客的投诉。

(3) 对顾客投诉问题，给予理解

追求服务零缺陷是客服人员的最高境界。每一个顾客所处的位置、所受的文化背景都不同，对企业的产品和服务有看法，投诉也是人之常情。

对于顾客的投诉，客服人员要给予理解，要站在顾客的立场上考虑问题。也就是"假如我是顾客，我将怎么办？"。如果客服人员改变了看待问题的角度，更容易理解顾客的需求，也就更利于投诉的解决。

站在对方的立场上想，并不是不考虑自己的利益，而是让对方获利的同时，自己也得到利益，这是一种共赢的思想。之所以要站在对方的立场上想，最终目的是为了达成我们的目的。换句话说，如果对方觉得我们的确考虑到了他们的需求，并使用他们可以接受的方案，他们是乐于合作的。

(4) 协调顾客解决问题

处理顾客的投诉不能仅仅局限在倾听、道歉和理解上面，而是应该切切实实地对顾客所提供的情况进行调查分析，提出正确的解决方案。这就要求客服人员懂得听出顾客投诉的话外之音，了解顾客投诉的真正动机，协助顾客解决问题。

解决问题是最关键的一步，只有妥善地解决了顾客的问题，才能算是完成了这次投诉的处理。问题解决得好，顾客感到满意，下次自然还愿意在你这里消费。如果客服人员敷衍了事，顾客更加不满，或者闹得更大，你将永远失去这个顾客。

对于顾客提出的异议，根据实际情况来确定是立即答复还是拖一拖再答复。假如遇到易于解决的投诉，应立即答复，这样可以显示对顾客的尊重,也易于缓和双方的洽谈气氛;当遇到难以处理的问题时,应拖一拖再答复,以免造成曲解或不能自圆其说;对于顾客的一些借口、明知故问的发难或善意的玩笑、戏言则可以不必答复。

(5) 结束时也要礼貌面对

对于顾客的投诉,客服人员要把顾客的投诉与顾客本人区别开来,即要把顾客自身与顾客提出的投诉区别对待,这也是在工作中解决投诉所大力倡导的"对事不对人"的原则。

对于顾客的投诉,客服人员要充分体谅顾客提出投诉时的心情,注意保护顾客的自尊心,避免对顾客身、心灵的伤害。只有这样,投诉的处理才会顺畅。

在处理顾客投诉时,一旦了解顾客所投诉的真正原因,就应尽快着手处理。不仅要提出可执行的方案,而且还要对顾客再次进行道歉,特别是当顾客离去的时候,一定要再次表示歉意。顾客之所以会投诉是因为他们对服务不满,客服人员应该从"保证顾客满意"这一服务理念出发,认真谨慎地对待每一次顾客投诉。

2. "打铁还需自身硬",提高服务能力

无论你多忙,都要先服务你的顾客。服务顾客的时候,你没有借口,因为顾客才是你真正的老板,真正为你的工作支付薪水的人。

(1) 开发十个新顾客,不如维护一个老顾客

对于任何企业而言,要想把生意做大做好,离不开两点:稳住原有的老顾客;不断把新顾客变成老顾客。"开发十个新顾客,不如维护一个老顾客",这是一条客服服务的黄金法则。

稳定的老顾客不仅可以使客服工作变得更加有效率,而且也是保持业绩稳定的重要方式。谁是我们的老顾客?

①注重老顾客的服务

比如一家餐馆,光顾两次以上的顾客,就算老顾客;一家网店,顾客有两次以上的购买记录,这也算是老顾客。那么,对于这些回头客,我们的客服人员应该怎样去关注?

我们知道,很多线下服务行业,比如酒店、餐厅等,都会有一些预订服务。那么,怎样注重老顾客的预订服务?在回答这个问题之前,你是否能回答好这两个问题:老顾客打电话来寻求预订服务时,作为线下客服人员,你是否清楚是哪一位老顾客?前厅的接待人员,或者负责预订的客服人员,是否清楚是哪一位老顾客?

我们来看这样一个案例:

老赵,每次来北京出差,都住××酒店。

朋友有点好奇,就问老赵:"你这么有钱,还舍不得花啊,怎么不住

五星级的酒店啊？"

老赵说："我住的就是'五星级酒店'。"

朋友不明白了："嗯？"

老赵笑道："我住的虽然不是五星级酒店，但享受到了五星级的待遇。"

朋友更加好奇了："这怎么说？"

老赵解释道："我每次打电话预订，不管接电话的是谁，都知道我是谁。'赵先生，您还是住以前那个房间吗？''赵先生，您以前住的那个房间，已经有顾客住了，您换个房间怎样？我们还有几间同样格局的，也都不临街的。'……我想，每个人都想这样被'重视'吧？"

朋友点了点头："嗯。他们做得真不错，真正把顾客当上帝了。"

可见，注重老顾客的预订服务，要从了解老顾客开始。如果一接到老顾客的预订电话，领班、前厅接待以及负责预订的客服人员，就知道是"李先生"或是"张小姐"。甚至一沟通，就知道怎么去为顾客服务，"李先生，您还是住以前那个房间吗？""张小姐，您还是坐以前的位置吗？"那老顾客肯定会继续光顾这家酒店。

如果酒店对老顾客关注不够，就很有可能失去他们。有个朋友告诉我："我经常去××酒店，已经去了三次了。按道理是会员了，可他们不拿我当会员。我坦白告诉你，我绝对不会去第四次。"

②善于与老顾客交流，并获得反馈意见

在工作中，线下客服人员一定要主动跟老顾客交流和寒暄。继续以酒店中的客服为例："孙先生，最近怎样？""刘先生，最近是不是挺忙的，这个月都没见到你哦！我们大家挺想你的。""马小姐，这道菜还合您的口味吗？"这样的话，你说过吗？

在顾客用餐的过程中，要时不时地跟顾客寒暄一下。但是，跟顾客交流，一定要有针对性，千万不要牛头不对马嘴，乱说一气。顾客要走了，我们也不要忘了以微笑相送，说一句"欢迎下次光临"。

③给顾客一种快乐的体验

要想让顾客有一种快乐的体验，应该清楚地了解顾客的需求，赢得顾客的好感，让他们有家的感觉。

④不断给员工反馈老顾客的爱好、忌讳、习惯

新员工不了解老顾客，当然，有的老员工也不一定对所有老顾客都了解。因此，作为管理者，必须要把相关的信息有效地传递给每一位员工，使员工在接待老顾客时，知道他们有什么样的习惯、喜欢什么样的口味、曾经提过哪些特殊要求等。这样，才能更好地为老顾客服务。

⑤要求员工记录老顾客的最新服务信息

顾客的有些信息，一定要随时记录、随时更新。比如有的顾客以前口味很重，但最近医生告诉他，不要吃太多盐，所以慢慢地，他口味变淡了；有的顾客以前喜欢喝菊花茶，可现在喜欢喝绿茶了；有的顾客以前一来就喜欢吃大鱼大肉，可因为高血压、高血糖，现在不得不吃清淡的菜肴了。

⑥赠送小礼品和果盘

俗话说得好，"礼轻情意重"。老顾客来了，千万不要忘了给一些特殊"关照"，比如给点小折扣、送点小礼品、送个小果盘等。顾客并不是想占这点小便宜，而是一个小小的"心意"，能让他们感觉到温暖。

可见，对老顾客的关注，要从点点滴滴做起。

(2) 服务业绩倍增的技巧

我们知道，服务成功的企业无一不是具有优质的产品、成功的品牌定位、高美誉度。一种是服务产品，产品为顾客创造和提供的核心利益主要来自无形的服务；一种是功能服务，产品的核心利益主要来自有形的成分。无形的服务只是为满足顾客的非主要需求而在销售过程中所采取的一系列活动。

那么，不妨想一想，作为客服工作的管理人员，平时是否清楚哪个员工的服务意识强、销售能力强、服务语言沟通能力强？

在线下客服工作中，提高服务水平，对于提升企业的销售业绩意义重大，有以下五大技巧：

①提高客服人员的销售能力和语言沟通技巧

小易去南京出差，在一家装修不错的餐厅门口停下了脚步。餐厅的环境很优雅，小易在靠窗的一张桌子前坐了下来。一位服务员立刻走了过来："先生，您好！想吃点什么？"说着把菜单递给了小易。

在小易翻看菜单的时候，服务员没忘了给顾客介绍："不知道先生吃得清淡还是比较辣？"

"清淡一点的吧，最近上火了。"小易回答道。

服务员接着说："我们的招牌菜××，属于比较清淡的，先生觉得怎样？"

"这道菜怎么做的？"小易随口问道。

"这个……我不是很清楚。"服务员支支吾吾地说。

"咱们最近能打几折？"小易继续问道。

"这个……"

这种现象并不少见。顾客去店里消费时，往往都会有服务员主动给顾客推荐，可见他们的销售意识都很强。可是当顾客再问××菜是怎么做的，就很少有人能解释得一清二楚了。

出现这种问题的根源在于，客服人员都有销售意识，但销售能力都不强。这样的话，员工跟顾客也就不能有效沟通了。

销售是无处不在的，很多客服不仅是要为顾客服务，更承担着销售责任和业绩的压力。要提高客服人员的销售意识和语言沟通能力，就要从销售产品和销售知识上对其进行培训，并深入认识企业的产品及服务。

②主动与顾客沟通

"张先生，您对我们的酒店感觉怎样？对我们的环境有什么建议吗？""李小姐，我们的服务您还满意吗？""王小姐，我们的菜还合您的口味吗？"类似这样的话，你问过吗？你跟顾客交流过吗？

很多客服人员错误地认为，只要做好自己的本职工作，给顾客做好服务就万事大吉了，从不主动去听取顾客的反馈。这样怎么去培养顾客的信任感？怎么去建立稳定的顾客关系？又怎么去提高服务水平？

③适时向顾客推荐其他服务项目

老李刚进一家酒店的门，一个服务员就走了过来。

老李问道："服务员，咱们客房最近有没有什么折扣？"

服务员回答："我们是一家四星级酒店。这两天我们客房刚打了一个折扣，标准间是388元，我相信这个价您肯定满意。"

老李说："嗯，388元还可以。"

这时，服务员又说："您是经常到我们这儿来吗？"

老李说："那倒不是，我只是离这儿很近，所以偶尔会过来。"

服务员微笑着说："我明白了。最近我们的娱乐部又推出了一个活动，如果您住我们客房两宿，还送游泳和健身项目……"

这位服务员适时向顾客推荐酒店的其他服务项目，并取得了不俗的业绩。在管理中，你的酒店服务员对客房的信息和其他服务信息都了解吗？你的餐厅服务员会有意识地向顾客推荐吗？

④随时记录顾客的特殊要求

对于顾客的不满意或特殊要求，一定要随时做好记录。这样可以积累顾客档案资料，为后续服务奠定基础。比如"张先生口味偏淡"，这样，当这个顾客再次光顾时，就可以在菜里少放盐。再比如"王小姐喜欢坐靠窗的最后一个位置"，那么就可以直接把这个顾客引领到那边，这会让顾客有受重视之感。

⑤对顾客的反馈和建议应及时给予关注

对于服务行业而言，一定要及时关注顾客反馈的一些不好的信息，或者提出的一些建议，及时进行调整，确保顾客满意。

老刘和朋友在某酒店餐厅就餐，尝了一口菜，叹了一口气说："你们的菜还是有些咸，是不是你们的菜味道都比较重啊？"

对于菜，他们只是随口提了一下，就聊其他的了。一会儿，一个服务员走了过来，对老刘说："先生，您好！刚才听您说，菜有点咸，我在这里表达歉意，我相信下次一定会让您吃得满意。这个果盘送给你们，祝用餐愉快！"

老刘和朋友都连忙说："没关系，谢谢！"

只要听到顾客有不满,就要及时给予关注,千万不要左耳进右耳出,装作没听见。这个服务员做得很好,她主动向顾客表达歉意,并送上小果盘一份作为"补偿",不但让顾客感到很意外,而且让顾客变"不满意"为"满意"了。

3. 没有优秀的员工，就没有满意的顾客

企业经营的不二法门就是想方设法让顾客满意。为什么呢？因为顾客是付钱的人，顾客满意是生意兴隆的关键。怎样才能让顾客满意？到底顾客要的是什么？很多人告诉我，顾客要的是价格低。没错，每个人买东西的时候，都喜欢价格低，价格越低他越满意。大部分人是这样想的，我想你也不例外。

如果我们为了要让顾客满意而把价格压低，会让我们的生意失去了利润。商人如果没有利润等于失败，而顾客又要价格低才会满意。那么我们想要让顾客满意，又不想让价格变低。怎么办？

答案是服务。通过线上或者线下客服人员的服务，解决顾客在消费过程中的异议。顾客满意要价格低，我们做生意没利润等于失败。这两者矛盾中间的平衡器叫作服务。服务要好到顾客满意地付出我们要的价格。

（1）解决商品质量投诉的技巧

①顾客对特价商品提出疑问时

当顾客对特价商品提出疑问的时候，我们应该怎么样去消解这种"麻烦"呢？最简单的办法就是负起责任：

客服人员："我很负责任地告诉你。"

客服人员应该这样说："您有这种想法可以理解，毕竟您说的这种情况确实也存在过。不过我可以负责任地告诉您，虽然我们这些商品是特价品，但都是同一品牌，质量是完全一样的，并且价格比以前又要优惠得

多，您购买后发现质量问题我们都会尽量帮您解决。"

客服人员首先要表示对顾客存在疑虑的理解，然后以做保证的姿态明确解释促销或降价的原因，消除购买前顾虑。再向顾客介绍购买后的注意事项和售后服务，让顾客感觉购买后也能放心。现在的客服工作不单一销售商品，还销售服务和信任。

没有不能引导的顾客，只有不会引导顾客的客服人员。在处理顾客异议时，客服人员一定要记住"顾客永远是对的"。客服人员是要把产品卖给顾客，而不是与顾客进行辩论，与顾客争论之时，就是推销失败的开始。

②顾客货比三家犹豫不决时

对于货比三家犹豫不决的顾客，没有经验的客服人员不是直接推销自己的产品，就是直接贬低竞争对手，要么就是自己缺乏自信从而抑制了顾客的购买热情。其实这些都是大可不必的。

遇到类似情况，作为终端客服人员一定要明白。我们根本没有必要与顾客比较两家产品的好坏，我们要做的只是将我们产品的优点充分展示出来，同时弱化但不贬低竞争对手就好。让顾客自己在心中有一个对比，有一个选择。

其实企业竞争不同于行军打仗，不一定非要打个你死我活方能定英雄。如果一个企业四处树敌，那就是战略方向上面发生了错误。我们现在有许多零售企业在竞争对手的打压上浪费了很多资源，却忽略了对顾客的关注程度。其实只要做好了顾客这一块，必然会在竞争中取胜，财源广进。

怎么样能够在竞争中脱颖而出，怎么样能够让顾客心中的天平朝着我们的方向倾斜呢？我们不妨采用以下的方式，对顾客进行"拉拢"。

"其实我们的品牌与您说的那个牌子都挺不错的,只是各有各的特色而已,主要还是要看您喜欢的风格、款式,其实就是适不适合您自己的问题,我们品牌的特点是……我认为它特别适合您的是……"

首先简单处理顾客提出的问题,告诉他两个牌子都是正规的产品,没有谁优谁劣之分。而且不用考虑牌子响不响,关键在于货品是否适合自己。然后详细地向顾客介绍自己货品的特点,最后告诉顾客自己的货品是最适合顾客需求的。

市场竞争就是市场稀缺资源的争夺,这里的稀缺资源就是我们的顾客。只要争取到顾客,其实就是打败了竞争对手!贬低竞争品牌以抬高自己的做法无法赢得顾客的信任,更无法推动顾客的购买行为。客服人员千万不要去极力贬低竞争品牌,我们可以强调各自的特点,对竞争品牌要一笔带过,对自己货品的优点应详细说明,并将自己品牌的优点与顾客的个人需求结合,激发顾客的购买欲望。

③当顾客对品牌缺乏信心时

在销售和服务过程中,客服人员的引导和推介起到了至关重要的作用。在顾客对品牌产生怀疑时,一定要心平气和,当然这一点对于我们许多客服人员有些难度。但我们必须这么做,除非不希望做成顾客的生意。

客服人员在服务过程中要做到灵活机智,不要认死理,要敢于并善于承认自己的瑕疵。顾客提出的问题如果确实是我们存在的缺点,要敢于承认,这样会获得顾客的尊重。

那么怎么样才能让顾客树立对我们品牌的信心,并决定购买呢?我们客服人员可以采用以下方案:

"我们的品牌刚刚落户此地,还望您多多捧场。"

客服人员可以这么讲:"您对××行业真是了解,我们品牌其实做的时间也不短了，只不过今年初公司才决定进入这个地区，所以以后还需要您多捧场，多多照顾呀。我们品牌的主要风格是……我们有几个款式特别适合您的需求，我相信您一定会喜欢的，来，请跟我来这边……"（转向介绍产品）

我们首先可以放下架子，用谦虚的语言主动承认自己工作没做好，以获得顾客谅解，求得顾客认同和好感。我们可以从自身检讨原因，然后话锋一转，向顾客介绍产品情况。当然介绍自己的品牌只是一个中间过渡，我们真正想做的是用略带兴奋的语言煽动顾客去了解我们的产品从而引导顾客朝着购买的方向前进。只要感觉顾客愿意听你讲，就迅速转入产品推荐阶段。

在品牌异议中，主动承担责任，获得顾客谅解并简要介绍自己的品牌情况是把顾客引导向购买的一个重要方法。请记住：我们根本没有必要与顾客去争论我们的品牌是不是大品牌，承认自己的瑕疵是一种智慧。聪明的客服人员能将缺点变成成交的转折点，迅速地提问能加强顾客的参与。只要顾客愿意回答问题，就根据顾客回答的情况向顾客推荐适合的货品，并顺势引导顾客体验货品，才有机会让其自掏腰包。

④遇到追求个性的顾客时

追求产品独特性的顾客，往往个性比较独立。产品的独特性也是品位的象征，能够满足这类顾客的虚荣心。还有独特性的产品往往具有唯一性，其质量也有所保证。

我们在遇到这类顾客的时候，就可以采用限量策略。强调我们的商品数量少，设计新颖，我们可以说我们店里每种产品仅有一件，如果不抓紧时间选购，就会错失机会。同时作为限量版，在价格上都比较严格。当顾客提出价格异议的时候，我们客服人员可以以此为由，进行拒绝，相信这类顾客能够理解。因为他们相信，物以稀为贵，想要得到特异性，不多花点钱是说不过去的。

怎么样推荐特异性商品呢？很简单，我们只要说明这个产品是限量的就可以了。

"这是限量版的，重复率不高。"

在说明完限量版后，要强调重复率不高。同时可以采用故事推销法，说曾经有人看过，如果现在不买会错过，给顾客造成压力。促使其购买。

⑤遇到挑剔多疑的顾客时

一方面，在如今的市场经济时代，你的顾客每日面临着形形色色的客服人员。毫无疑问，每个客服人员都会力争把自己的产品吹得天花乱坠。你的顾客听得多了，早已不再盲信，甚至可能有逆反心理。另一方面，你的顾客会想，这家伙为什么要竭力把这东西卖给我？因为卖出去了他可以赚钱啊！一旦顾客把自己和素昧平生的你放在这种对立的立场上，你的生意就会很难做了。

遇到挑剔多疑的顾客是在所难免的，而且他所怀疑的不只是一个问题。这很让客服人员头痛，因为各个击破实在是个很大的工程，这时候怎么办呢？

客服人员："这关系到我们的信誉，我们不敢乱来。"

想要把顾客提出的一个又一个问题都解决掉，显然不可能。这个时候，我们就要转换战术，用我们的信誉做担保。因为大家都知道，商家经营最重要的就是信誉，而信誉则包含了包括质量、价格、服务等所有内容，以它来做担保，可信度还是很高的。

作为一个客服人员你一定要知道，你不可能取得顾客百分之百的信任，但是有百分之九十九就够了，那百分之一就让我们企业或品牌的信誉来做担保，这样就会有百分之百的成交！

⑥当顾客提出"款式过时"时

很多顾客在购买商品时会提出"款式过时"的反对意见。对此客服人员可以从价格方面或者产品特点方面着手来解决。

客服人员："您眼光真好，的确是旧款，所以现在买最划算。"

首先赞美顾客的眼力，然后为老款货品找到一个最贴切的说服理由：买东西不在于款式是否新颖，关键是看是否适合自己，而这正是老款的优点，并且用提问的方式获取顾客首肯，再次具体强调该款商品的优点并主动引导顾客体验，最后适当地以促销等话题来给顾客施加一定的压力，推动顾客立即下手购买。

任何事情都具有两面性，客服人员要努力寻找自己的亮点，而不是老看着自己的弱点。作为客服人员，要懂得化劣势为优势，化腐朽为神奇！

（2）完美处理价格异议的技巧

①当顾客提出价格异议时

没有不嫌商品贵的顾客，当顾客提出价格异议时，退让或者强硬的拒绝都是不可取的。作为一名客服人员，我们应该用我们的语言来说服和引导顾客，我们的产品是适合他的，我们的产品物有所值。

客服人员："您知道的，价格和价值是成正比的。"

强调商品的内在价值，是解决价格异议的重点所在。客服人员首先可以肯定顾客的眼光，从而拉近与顾客的距离。然后陈述产品的性能与优点，并强调自己售后服务的完善，激发顾客的兴趣与购买欲望，消除顾客的心理疑虑，促使顾客下定决心购买。

②面对顾客砍价时

面对顾客的砍价，客服人员一定要学会正确的谈判方法。最后需要指出的是，价格谈判是销售谈判中重要的项目，但不是唯一的项目，很多时候甚至不是最重要的因素。真正的价格博弈是在我们进行产品介绍之后、成交之前的阶段进行的。

因此，需要我们在介绍产品的过程中，从顾客的利益着眼点来考虑。通过让顾客感知的方式突出产品利益点以及给顾客带来的体验感，促进顾客对我们的信任。这要求我们要有比较好的想象力，有比较多的经历和阅历，有足够的想象和讲故事的能力，以便引导顾客对商品产生依赖感。相信这时，价格不会再是他的首要顾虑。

和顾客胶着于价格战之中时，不要想着把顾客打败，而是要想着怎么把顾客"降服"。其中最有利的武器，当然还是产品本身，我们应该把顾客的目光转移到产品的优势之上，而不单单是只谈价格。

客服人员："其实买到一件适合自己的产品，真的是很难。"

要让顾客毫无异议地掏腰包，我们必须要告诉他一个道理。即买东西不一定是越便宜越好，关键是要看是否适合自己。所以客服人员可以通过强调商品的卖点，告诉顾客付太多的钱并不明智，但付太少的钱风险更大的道理。付得太多，你只是损失掉一点钱，但如果你付得太少，有时你会损失所有的东西，因为商业平衡的规律告诉我们，想付出最少而获得最多，几乎不可能。客服人员可以如此引导顾客认识商品，并询问顾客看法。如果对方默认或点头，就立即用成交法建议顾客成交。

客服人员到底卖的是什么？客服人员应该认真思考这个问题。如果我们只是把自己看作是在卖东西，那将会卖得很累，我们与顾客将在价格上陷入无休止的战斗，最后发现东西还是卖不出去。大量的终端实战告诉我们：客服人员一定要学会行销自己的个人品牌，让顾客信任自己并主动引导顾客的观念。只有先把自己及自己的想法卖出去，才可以更好地把东西卖出去。

③面对有苛刻价格要求的回头客时

我们难免会遇到一些有讨价嗜好的顾客。对于他们，我们可以适当地在自己的权限内给予让步。但让步也要掌握好技巧，客服人员让步的时候一定要先死守防线，在给顾客足够面子的前提下又坚守底线。最后再找个台阶，以少量退步最终达成交易。

我们不能为了成交而轻易在价格上做文章，就算是面对着有着强烈购买意向的回头客也是一样。既想达到成交，又想在价格上保持自己的原则，我们应该怎么样做呢？不妨用用以下话术，一定会取得不错的效果。

客服人员："对不起，这是我们的极限了，请您多多包涵！"

实际情况下我们可以这样操作："我知道您到我们店来过很多次了，我也真的很想做成您这笔生意。只是真的很抱歉，价格上我确实不可以再给您优惠了，这是我们的极限了，请您多多包涵。其实您买东西最重要的还是看商品是否适合自己，如果东西虽然便宜但不适合自己，买了反而更浪费，您说是吧？"

首先向顾客真诚地表明自己为顾客着想的心情与想法，然后直接询问顾客，除了价格外，我们应该怎么做才可以成交。让顾客来指引成交的方向，我们都做得这么仁至义尽了，通常顾客此时都不会太挑剔。

处理类似顾客问题，一定要首先让顾客把话说完，其次真诚地认同顾客感受并恳请顾客理解，然后诚恳地告诉顾客价格无法降低的原因，这里最好是以问句的方式向顾客寻求确认。最后，向顾客强调我们产品的利益点，并且再次寻求顾客认同。如果感觉时机成熟，此时就可以立即要求顾客成交。

面对有着苛刻价格要求的回头客，我们认为客服人员可有几种选择：在给面子的前提下强化利益并坚持不让步；或者直接询问对方在不降价的前提下怎么做才可以成交；当然我们认为是最好的也是我们用得最多的一种方法，那就是首先坚守防线，然后适当让步。

④面对有折扣异议的顾客时

关于折扣问题，每个企业都有自己的营销策略。当然，从客服人员的角度来讲，一点都不打折自然最好，既不损害品牌形象又能够把东西卖出去。但如果企业还没有一个科学的货品订购与销售体系，并且在产生库存后又没有一个完整的解决库存下降的方法，坚持不打折只能使自己的商品积压，资金压力增大。所以，许多企业在条件不具备的情况下只能采取随行就市的方法。

当遇到这样的顾客，我们应当怎样做？我建议采用如下方案：

客服人员："顾客随时来买都是一样的价格，心里才会更舒服。"

我们的客服人员可以这样说："其实折不折扣最主要的是每个品牌在市场上所用的策略不同。而我们公司要求全国维持统一价格的原因是希望对每一个顾客负责，这样才不会出现同样的产品有些人买的价格高，有些人买的价格低。因此不管什么时候您都可以放心购买我们的产品！"

首先告诉顾客不同公司采取的不同折扣只是一种市场策略，然后向顾客说明我们公司价格策略的优点，强调我们是为了给顾客一个公平稳定的购物价格，才慎重地面对折扣问题的。并顺势引导顾客回答今天来店的目的，将问题的焦点转移。

面对有折扣异议的顾客，我们不能一味妥协和让步，也不应该强硬地拒绝。我们必须运用话术，让他们知道，不打折扣也是一种关怀！不同的表达方式能让好事变成坏事，也能让坏事变成好事，折扣也是一样。我们就是要让顾客觉得，我们所做的一切，都是为了他们考虑的。这样，他们还有什么理由不自掏腰包呢？

⑤面对一再讲价的顾客时

没有不对价格表示异议的顾客，这是一种本能，也是一种习惯。对于卖家来说，即使你的价格再便宜，顾客也会提出类似问题。"不讲价"这种话会让顾客有羞辱的碰壁感。客服人员要解决顾客提出的任何棘手的问题，都应该明白一个道理：如果顾客不配合你，你就没有任何办法！客服人员能够说服顾客的前提只有一个，那就是想办法先让顾客接受你这个人。

我们可以首先认同顾客观点，拉近和顾客的距离。一定要将心比心地通过心与心的交流，让顾客真正认为你的价格无法再低了，然后从产品入手，劝服对方。

当我们遇到顾客强烈要求满足其优惠条件的时候，也正说明了顾客有了强烈的购买意向。这个时候，我们所要做的，就是把顾客说服，把他插入钱带的手掏出来。当然，这需要你运用你的智慧。

客服人员："真对不起，您让我为难了。"

实际情况下我们可以这样操作："真对不起，您让我为难了。您也是我们的老顾客了，一直都给了我很多生意，真的是非常感谢您！所以我刚才给您的已经是本店的最低价格了，这一点确实要请您多理解。不过虽然我们在价格上不能再给您优惠了，但无论是在质量上还是在售后服务上，我们一定会竭尽全力地让您用得放心，这一点其实才是最重要的，您说是吗？"同时，微笑着目视对方，如果顾客有点头、默认等行为就迅速尝试成交。

您让我为难了,这样略带有无可奈何的话很容易拉近客服人员和顾客的距离。零售终端要知道一个非常重要的顾客心理,即顾客都希望自己能被客服人员认为是对他的企业来说非常重要的人物。如果我们满足了顾客这个心理,那么顾客就会非常配合我们的工作。哪怕对他相对不利的事情也会尽可能地包容,以显示他的大度。我们的方案正是利用了顾客的这种心理,来求得顾客的让步,以达成销售。

一场销售就是一场心理战。其实我们的顾客并非都是铁石心肠,不通情达理。关键是我们不要给他一个"唯利是图"的感觉,相信一个顾客不会难为一个"做不了主"的客服人员的。我们处理价格问题,不要直接正面地和顾客争论,要通过迂回的战术改变顾客购买标准,引导并控制顾客的思维,这才是想成为一个金牌客服人员所必须掌握的。

⑥触碰到价格底线时

对于客服人员来讲,有时候销售的成败只在一句话之间,话说对了可能产品就变成了销售额与利润,一句话说得不得体,这件产品可能就变成了库存而被积压。所以客服人员的语言修炼非常重要。

客服人员首先应认同对方的感受。如果对方还是不依不饶,则最后以向老板申请或者赠品等让步达成缔结。一定要让对方感觉到我们已经在尽力帮助他解决问题,并且语气要真诚,态度要诚恳,这样即使最后没有给他任何实质性让步,顾客也会明白你确实已经尽力了而最后妥协。很多时候顾客其实并不一定就是冲着那点折扣来,关键是他要一个购买的理由或台阶。

面对顾客在价格上面的要求,我们采用什么样的说法才比较有说服力呢?不妨采用下面的方案。

客服人员:"我想您一定明白买对一样东西胜过买错三样东西的道理。

您也一定不希望东西买回去只用几次就不能再使用了,那多浪费呀,您说是吧?确实,我承认如果单看价格,您有这种感觉很正常,只是我们的价格之所以会稍微高一些,是因为我们在质量上确实做得不错……"

客服人员要学会收集和整理一些非常经典的说服辞令。譬如,"买对一样东西胜过买错三样东西",这些话往往使语言生动又具有说服力,有许多顾客就是因为受这些非常新颖语句的影响而改变了自己的购买习惯。本句巧妙地用了对和错以及数量上的对比,一句话就把问题说得明明白白,很让人信服。

说服顾客需要的是晓之以理,而这个能说服他的"理"就是让顾客觉得,这件商品买回去物有所值。当然,这就要求我们客服人员能够在介绍商品品质方面下功夫,掌握多种类型的说服语言,应对自如。

⑦当顾客提出不合理要求时

现在各种各样的促销活动层出不穷,许多行业的促销活动都是让利打折或者送东西这两招。顾客提出不合理的要求,无非是想占小便宜。但是给他的这种方便,会对我们造成很不利的影响。很有可能因为这一次的妥协,而破坏了整个让利计划。更多的顾客会提出诸如此类的要求,这样不仅不利于商铺促销活动的正常进行,还会给商品销售造成混乱。解决这种问题,客服人员的态度要坚决——换折扣抵现金都是不行的;语言要委婉——客服人员可以解释清楚赠品与价格的关系,并同时强调赠品的价值;或者告诉顾客商品与赠品的关系,强化商品的优点。

在遇到非要把赠品抵换成现金的顾客的责难的时候,我们应该怎么样去劝说他放弃这个念头呢?

客服人员:"我们的赠品和积分是在商品正常的价格基础上额外服务顾客的。很不好意思,您的要求我们不能满足。就当作是您来我们这儿买东西，公司额外赠送给您的礼物。因此赠品积分与价格没有关系，不过这些赠品是我们公司特意为顾客精心挑选的，很多顾客也都很喜欢，而且又很实用，您平时可以……"解说用途，并与顾客的特点相结合。

有礼貌地拒绝顾客不适当的要求并争取顾客理解，向顾客解释赠品积分与价格的关系，然后侧重强调赠品的优点与利益。

顾客的每一个要求并非都是合理的，客服人员要学会积极地拒绝顾客，而不是正面顶撞或是消极地放弃。顾客的非难无非都是贪图小便宜，我们要做的就是把他们心中的小便宜，转化为商品本身的实在价值。

（3）处理售后服务异议的技巧

①遇到顾客投诉的时候

顾客在向客服人员交涉的时候，无非有两个目的：第一是获得客服人员的认可和理解，满足一种心理上的需要。毕竟，遭受劣质产品的折磨，心理上的伤害也是很大的。第二是获得必要的经济补偿或者更换一个产品。顾客购买产品，目的就是想要获得使用价值。如果是劣质产品，使用价值发挥不出来，顾客自然会想到退货或者更换。而客服人员"我能体会那种感觉"的说话方式，首先满足的就是顾客的心理需要，在肯定顾客"投诉有理"的同时，快速地将自己和对方放置在同一阵营里，仿佛自己是顾客的后盾一样。这样做的好处就是让顾客明白我肯定了你的投诉行为，并且我还要帮助你解决实际的问题，不会推卸责任，更不会逃避这件事情。

那么，这不就是顾客想要得到的吗？

在遇到顾客投诉的时候，客服人员巧妙应对，不仅能缓解顾客的情绪，还能达到和顾客之间的相互沟通和了解，抚平顾客受伤的心灵。

了解顾客的心理和需求，是解决问题的关键。作为一名优秀的客服人员，在处理顾客投诉时，不仅仅要做到缓和当时尴尬的气氛，而且还要懂得顾客的心理，把话说到对方心里去，这样才能真正提高公司的形象。

②当顾客提出意见时

从企业的角度来说，顾客提出意见和建议，目的并不是为自己赢得更多的利益，而是为了企业好。毕竟只有企业让自己满意了，才能让其他人满意，也才能最终脱颖而出，成为行业中的老大。可是很多企业客服人员并没有这么去想，而单单把顾客的意见和建议当成是他们的"挑剔"。从这一点来说，客服人员就应该"谢谢"顾客的意见和建议。

另外，说"谢谢"也是为了满足顾客的虚荣心理。因为很多顾客在提意见和建议的时候，无非就是想显露一下自己的"博学"和"精通营销之道"，这摆明了是一种赤裸裸的心理需求。此时，如果我们能感谢对方的指教，并且把这些情况记录下来，自然会让对方觉得"受到尊重"、"受到重视"，那么心里自然也就高兴了。

说到底，在面对顾客挑剔、提意见的时候，客服人员不仅要肯定他们的这种行为，还要对对方表示感谢。从而拉拢对方，成为你的忠实顾客。

处理顾客异议的态度与形式比处理问题本身重要得多，客服人员必须要明确这一点，并且应该尽最大可能地满足顾客的这种心理需求，然后避实就虚，稳定顾客的情绪，继续自己的服务过程。

③面对顾客询问时

在面对顾客的询问时，客服人员一定要明白对方的心理感受，做到多听少说，多肯定少质疑。更重要的是，我们要善于站在对方的立场上去说话，从而恢复顾客对我们的信任。那么该如何说呢？

可以这样巧妙圆场:"如果是我,我也会这样认为!"

产品质量出了问题,顾客肯定会对我们企业和产品产生不信任的心理因素。而作为客服人员,现在最要紧的就是通过自己的言行、服务来恢复对方对企业的信任,并且完美地解决问题,让顾客高兴而归。可是这个时候,顾客情绪都比较激动,我们该如何让他们平静下来,耐心地听我们解释呢?最好的办法就是站在对方的立场上说话,让他们知道我们是真正为他们着想的,而不是想推卸责任。

因此,在接受投诉时,说一句"如果是我,我也会这样认为"之类的话,能很快获得顾客的认可,并且让他们顺利被说服。人其实都不希望自己被别人说服,尤其是当顾客觉得自己这样做很没面子的时候,即使我们说得再有道理,他们也会为了维护面子而拒绝接受你的解释和道歉。而认同顾客,站在顾客的立场说话则不同,有一种附和、敞开心扉的感觉,并且顺势把自己的观点告诉对方,从而减少彼此之间的对立情绪,站在对方的立场来说服对方。

在了解顾客的真正想法之前,千万不要瞎猜。此时我们要全面分析局势,必要时要对顾客做一些督促和引导,以发现对方的真实意图。千万不要自以为是地为自己推脱责任,否则,你将完全失去谈判的资格,甚至把企业推向万劫不复的深渊。

④当顾客对我们缺乏信任感时

毫无疑问,在中国的终端领域,无论是什么行业,在和顾客交易的时候,基本上都会遇到类似问题,也就是顾客对我们所说的话缺乏信任感。我们要做的就是恢复顾客对我们信任,适度引导顾客从而促成交易。那么我们该怎么说才合适呢?

客服人员巧妙圆场:"请相信我们!"

看似简单得不能再简单的一句话，为什么有这么大的魔力能打消顾客的顾虑，并且快速引导顾客进入销售模式呢？原因有两个：

第一，回答干净利落，给顾客一种"效率高"的感觉。有些时候，话说得多，并不代表能说服顾客下定决心购买。拖拖拉拉的话语会让顾客产生一种"做事情也拖拖拉拉"的联想，从而改变想法，不在你这里消费。表面上看，客服人员很冤，而实际上却不尽然。毕竟顾客在不信任你的时候，客服人员的一举一动、一言一行都是他们判断的根据。

第二，"请相信我们"是一种非常自信的表现，志在必得。在顾客失去信心的时候，客服人员必须充满信心，才能感染顾客。试想如果自己都表现得毫无信心，不断地进行解释，那么顾客又怎么能够信任你？又怎么能放心地进行交易和消费？所以说，"请相信我们"这句话，不仅表现了客服人员的信心，也能感染顾客，最终达到促成交易的目的。

⑤当顾客无理退货时

遇到顾客的"无礼"退货，很多客服人员都会据理力争。毫无疑问，这样的做法不仅不能达到很好的效果，而且还会激化双方的矛盾，使得事情根本无法解决。那么在遇到这种情况的时候，客服人员该如何说话呢？

"如果质量有问题，我们一定会为您服务到位的！"

商品退换货，除非企业有特殊的交代，否则在没有质量问题的情况下，是概不负责的。这一点，顾客也知道。关键是客服人员在阐述的时候，如何把这句话说得好听一点，让顾客容易接受一点。这就需要一个技巧了。而"如果质量有问题，我们一定会为您服务到位的"这句话，不仅从侧面提醒了顾客这一点，而且还正大光明地拒绝了顾客的要求。毫无疑问，顾客也知道是自己理亏，自然也就不会再进行纠缠了。

除此之外，客服人员还可以接着往下咨询，了解顾客退换货的真正原因，从而有针对性地解决顾客的这个问题，从根源上说服顾客。比如说"您先不要急，让我来帮您处理这个问题。请问一下，您觉得XX产品什么地方让您不满意了，您可以具体说明一下吗？""是这样的，遇到这种问题真的很抱歉，我明白您的意思，其实这款产品在款式功能上的优点是……之所以如此设计是因为……所以当您用的时候显得会……"

说到底，就是客服人员在遇到顾客"无理"退货的情况时，客服人员首先应该安慰顾客，照顾顾客的情绪，并且让顾客感觉到我们非常乐意帮助他解决问题。并且让顾客主动说出事情原委，然后针对原因有的放矢地加以解释。这样事情才能真正得到圆满解决。

面对顾客一些"不讲理"的行为，客服人员不仅要让顾客了解到自己的"不讲理"之处，还要懂得巧妙地引导，把顾客导向有利于事情解决的一方面去。

⑥当听不懂顾客说什么时

客服人员在遇到"听不懂顾客说什么"、"顾客不知所云"的时候，一定要有耐心，多问几次，多旁敲侧击，争取在沟通的过程当中，缓解顾客的情绪，把企业的不良影响降到最低点。

那么，作为客服人员，在遇到这种情况的时候，该如何说话呢？

"您的意思是……我可以这么理解吗？"

在无法理解顾客要求的时候，最怕的就是客服人员不懂装懂，误解顾客的意思，从而引起情绪上对立。那么要想解决这个问题，该怎么办呢？那就是用自己的话语来重复你所理解的顾客的意思，然后再以征询的口吻来询问顾客，自己是否理解对了。比如"您的意思是……我可以这么理解吗"，就是一个非常标准的、典型的处理方法。这样一说，顾客不仅不会觉得客服人员是在故意刁难他，即便客服人员理解错了，顾客也会耐心地解释第二遍，而不会擅自发脾气。

最关键的一点是，如果客服人员以这种方式来和顾客沟通，不仅不会让顾客觉得丢面子，而且还会让对方感觉到这个企业的售后服务一流，客服人员素质相当之高。即便最后事情没有完美解决，也不会心生恨意，继而给企业制造负面影响，减少企业的业绩。

准确了解顾客的意图，才能解决顾客的疑问和事情，给顾客留下售后服务一流的印象。而很多售后服务之所以做得不好、给顾客留下不好的印象，原因就在于客服人员和顾客之间没有做好沟通，产生了误解。

⑦当顾客怒气冲冲时

如果是一位优秀的客服人员在接待怒气冲冲的顾客时，会怎么处理这件事情呢？

客服人员可以这样巧妙圆场："哎呀，那真是太糟糕了……"

这是非常好的反应。为什么这么说呢？可以从以下两个方面当中看出来：

第一，表达出了客服人员对顾客的诚意。这种诚意是通过客服人员迎合顾客的情绪来体现的。至少凭借这一点，顾客的情绪不会变得更糟，能够耐下心来听客服人员解释事情的原因出在什么地方，该如何去解决。对于售后服务来说，这就是一个好的开始。而好的开始往往会有一个好的结果。

第二，表现出客服人员对顾客遭受这种不幸的同情心。毕竟，谁购物的时候都不愿意遇到这种事情，一旦遇到了也是无奈之举。顾客希望得到客服人员的同情和热情的服务，而不是毫无回旋余地的拒绝，甚至是冷嘲热讽。

在与顾客的商谈中，客服人员难免要拒绝顾客的一些要求，那么客服人员应该如何在有效拒绝的同时，不至于惹火顾客呢？最好的办法就是先迎合顾客的感情需要，然后再通过"对不起"与请求型语言并用，有效地缓解顾客的情绪。

后序 | **不得罪任何一个顾客**

每一个顾客的背后,都站着许多人,包括同事、邻居、亲戚、朋友等。如果你是一名客服人员,你的态度让你的顾客感觉不愉快,过了些时间,可能就会产生连锁效应,可能会不止一个人不喜欢和你打交道。所以,在任何情况下,都尽力不要得罪你的任何一个顾客。

你为什么比别人挣得少,因为你的服务没有做好。

在传统企业的营销与服务中,顾客是上帝,顾客是一切。在互联网时代,这样的原则依然有效,粉丝就是一切。

"小米""魅族""西少爷""叫个鸭子"等这些依靠互联网崛起的品牌正是因为注重粉丝,而成了一个个极具年轻活力,但又不缺亲和力的企业。以小米为例,小米的粉丝有专门的称呼,叫"米粉",因为有米粉才促成了小米的成功。为此雷军这样说:"小米经营的不是产品,经营的是粉丝。"

顾客是上帝,在这个商业的社会里,得罪你的顾客,就是得罪你的上帝。与顾客的交往过程中,要时时刻刻地控制自己的情绪,不要因为自己心情不好,就拿顾客出气。也不要故意为难或者刁难顾客,即使不喜欢对方,也不能怠慢了人家。因为你得罪了这一个顾客,等于潜在地得罪了成千上万个顾客。

不管自己心里有何种想法,都不要把自己的情绪表露出来。顾客关心的只是生意,对于你来说,顾客是你的衣食父母。

不管你接触顾客有何种想法,这些都无所谓。重要的是你对顾客的态度。你必须时刻牢记,你目前所做的工作是客服。在工作中,无论对方是你讨厌的人,还是拿你开玩笑的人,都不能得罪。毕竟他们是有可能把钱放入你口袋的人。

中国人有一句老话,好事不出门,坏事传千里。当一个顾客对你的服务满意时，他会告诉身边的 5 个人；当一个顾客对你的服务不满意时，他会告诉身边的 20 个人。有专家研究发现，发掘一个新顾客花费的时间，是在一个老顾客身上挖掘第二次生意所花费时间的 6 倍。

在生意成交之后，要让你的顾客感觉满意。每一次服务的质量都会影响到你与顾客的进一步的关系。得到一个顾客不容易，失去一个顾客就太可惜了。

很多人有一个坏毛病，喜欢挑别人的毛病。其实每个人身上都有优点和缺点，如果你老是喜欢挑缺点，对方就会抵触你，怎么和你交朋友呢？

所以，要想使我们工作顺利，就要先树立一个理念，你怎么对待你自己，就怎么对待你的顾客。把顾客当朋友不是一味地恭维他、迁就他，要从内心里觉得他是你的朋友，和他平等地沟通，不盲目自大也不妄自菲薄。

第二，把握好介绍产品的时间。作为自己的产品，你要非常熟悉。要清楚自己的产品对顾客有什么帮助，要向顾客介绍产品时，不要太笼统，要简明扼要，有针对性。不要用太多的时间介绍产品的实力和公司的详细情况，因为顾客未必想了解的这么详细，除非他的购买需求紧迫，这就是另当别论了。

一般介绍完产品后，找一个和工作及其产品无关的话题，消除顾客的提防心理。比如尽可能多了解对方的爱好和他的生活方面的信息，要对他的话题发表你的见解。谈合作，谈项目，一定要讲究时机。当顾客有为难之处时，要体谅。

第三，说话要有热情。对任何顾客说话，都不要冷冰冰的，拒人于千里之外。说话要有热情，有感染力。冷冰冰的语言往往是一颗播下的仇恨的种子。不要轻易对别人说的话下结论。

对于顾客给予的合作机会，我们一定要心存感激，并对顾客表达出你的感激之情。对于顾客的失误甚至是错误，要表现出你的宽容，而不是责备，并立即研究探讨，找出补救方案。这样，你的顾客会把你当成朋友，从心底里感激你。"商道即人道"，这句话告诉了我们所要的生意经。